Marion R. Wells

DOKTOR AUF
VIER PFOTEN

Ganz besondere Hundefreundschaften

BRUNNEN
Verlag GmbH · Giessen

Die amerikanische Originalausgabe erschien unter dem Titel „Doctor Dog"
bei Harvest House Publishers, Eugene, Oregon, 97402, USA.
www.harvesthousepublishers.com
Copyright © 2016 by M.R. Wells

Deutsch von Anja Findeisen-MacKenzie

Bibeltext: Neues Testament, Psalmen u. Sprüche: Neue Genfer Übersetzung;
ansonsten Hoffnung für alle (revidierte Fassung 2015)

© der deutschen Ausgabe Brunnen Verlag Gießen 2018
www.brunnen-verlag.de
Umschlagfoto: © Stocksy United/Bo Bo
Umschlaggestaltung: Daniela Sprenger
Satz: DTP Brunnen
Druck: GGP Media GmbH, Pößneck
ISBN Buch 978-3-7655-0991-9
ISBN E-Book 978-3-7655-7509-9

Für Skylee und Oki

Dieses Buch ist von Herzen all jenen Hunden und Menschen gewidmet, die Hand in Pfote arbeiten, um anderen zu helfen und zu deren Heilung beizutragen. Stellvertretend für sie alle stehen die Golden-Retriever-Hündin Skylee und der Deutsche Schäferhund Oki. Die beiden gehörten zu den Gründungsmitgliedern des „K9 Action Teams" des Amerikanischen Roten Kreuzes. Sie besuchten besondere Veranstaltungen der amerikanischen Streitkräfte und waren ein großer Trost für die Soldatinnen und Soldaten sowie deren Familien, wenn ein Auslandseinsatz bevorstand oder es nach der Rückkehr Probleme gab. Während dieses Buch entstand, sind Skylee und Oki in den Hundehimmel gegangen, doch die Menschen, deren Herz sie zu Lebzeiten berührt haben, werden sie stets in liebevoller Erinnerung behalten.

Skylee und Oki, ihren geliebten Menschen und all den anderen Hunden und Menschen, die in diesem Buch erwähnt werden, gilt ein besonderer Dank. Gott segne euch alle!

Inhalt

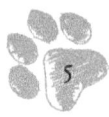

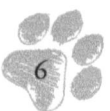

Einführung
Hunde sind Hoffnungsträger

Eines meiner Lieblingswörter ist *Hoffnung*. Was für ein Schatz steckt in diesen Buchstaben! Die Hoffnung trägt uns über scheinbar unüberwindliche Hindernisse, sie befreit uns aus tiefer Verzweiflung und lässt uns nach den Sternen greifen. Die Hoffnung ist ein Funke des Lichts mitten in der Finsternis, eine Treppe an einer steilen Felswand, ein Fallschirm, der sich im freien Fall öffnet. Für manche Menschen, von denen ich in diesem Buch erzähle, kam die Hoffnung in Gestalt eines Hundes.

Hunde haben einen erstaunlich wohltuenden Einfluss auf uns. Sie schenken uns Hoffnung, indem sie etwas vollbringen, was Menschen nicht tun können oder wollen, und sie haben Freude daran, uns zu helfen. Hunde sind eine Hilfe, ja sogar eine Art Rettungsring für Kinder und Erwachsene mit speziellen Bedürfnissen. Sie bauen eine Brücke der Kommunikation für Leute, die durch eine schwere Lebenskrise gehen und dadurch fassungslos und wie benommen sind. Hunden gelingt es, bei alten und kranken Menschen Reaktionen hervorzurufen, die an ein Wunder grenzen. Hunde gehen mit uns durch Schmerz und Leid, sie beruhigen uns, wenn wir unter Druck und Angst stehen, sie sind wie Balsam für die Seele derer, die von Depressionen niedergedrückt werden. Und sie schaffen dies auf eine sanfte und liebevolle Weise.

Das erscheint fast unglaublich, bis wir uns klarmachen, von wem unsere Hunde eigentlich geschaffen wurden. Wie wunderbar, dass der Gott der Hoffnung Hunde gebraucht, um uns diese Hoffnung zu vermitteln! Es ist so typisch für ihn, dass er ein Wesen mit einem warmen, kuscheligen Fell erschafft, das uns mit Liebe überschüttet und uns so Gottes Liebe und Fürsorge ganz praktisch vor Augen führt. Mir macht der Gedanke Mut, dass Gott uns und unsere Hunde geschaffen hat, um uns gegenseitig Gutes zu tun.

Ich danke Gott, dass unsere Hoffnung auf ihn niemals ins Leere geht. Ich freue mich, sein Wirken in den Geschichten dieses Buches wahrzunehmen. Und ich bete darum, dass Ihr Glaube so wie meiner gestärkt wird, wenn Sie lesen, wie Hunde Menschen auf eine heilsame Weise anrühren können, und wenn Sie erkennen, dass Gott auch mit uns so heilsam und liebevoll umgeht.

Meine eigenen Hunde

Die drei Knirpse Becca, Marley und Mica sind ein fröhlich-verspieltes Trio, innig geliebte Fellnasen und Gefährten.

Becca ist ein hübscher apricotweißer Zwergspitz. Sie liebt es, Kunststücke aufzuführen, für die sie dann mit Leckerlis belohnt wird. Außerdem verteilt sie mit Vorliebe Hundeküsse und lässt sich gerne den Bauch kraulen.

Marley ist ein toller zobelweißer Zwergspitz-Mischling. Er ist, was die Hunde betrifft, der Mann im Haus und passt gut auf seine Frauen auf – ob Hunde, Katzen oder Menschen. Er ist ein liebevoller kleiner Kerl und immer zur Stelle, um sein Frauchen zu trösten, wenn sie Kummer hat.

Mica ist eine umwerfende zobelweiße Mischlingshündin (Zwergspitz/Sheltie). Sie liebt jeden und hat noch keinen Vierbeiner getroffen, mit dem sie nicht spielen wollte. Doch ihr Lieblingspartner zum Streicheaushecken ist Marley. Mit ihm könnte sie den ganzen Tag herumtollen und Fangen spielen.

TEIL I
THERAPEUTEN AUF VIER PFOTEN

Ein Hund mit Geberqualitäten

Das größte Geschenk ist ein Stück von dir.
Ralph Waldo Emerson

Zippora ist eine winzige Malteserhündin mit einem gigantisch großen Herz für Menschen, die Hilfe oder Heilung brauchen. Sie liebt es, etwas von sich selbst zu verschenken, und alles begann damit, dass sie selbst Heilung empfing. Sie war damals noch ein Welpe und sehr verspielt. Ihre Menschen, Jerry und Hattie, verwöhnten sie mit Spielzeug aller Art, aber eines davon erwies sich als gefährlich für den kleinen Hund. Ohne dass es jemand merkte, biss Zippora Teile davon ab, die sich dann in ihrem Verdauungstrakt festsetzten. Eines Nachts ging es ihr plötzlich ganz schlecht und ihre Besitzer fuhren mit ihr zum tierärztlichen Notdienst. Eine Röntgenaufnahme zeigte, dass ihr Darm total blockiert war. Zippora musste dringend operiert werden, und da es inzwischen schon fast Morgen geworden war, brachten ihre Menschen sie zu ihrem eigenen Tierarzt zur Operation.

Jerry und Hattie glauben fest an Gott. Sie beteten um Heilung für ihren kleinen Hund. Der Tierarzt, der zu ihrer Gemeinde gehört, setzte die Operation für die Mittagszeit an. Gegen 13 Uhr erhielten sie einen Anruf, dass sie ihren Hund wieder abholen sollten. Sie konnten es gar nicht fassen, dass der Eingriff schon vorüber war und ihre kleine vierbeinige Freundin wieder nach Hause durfte. Doch wie sich herausstellte, hatte die Operation gar nicht stattgefunden. Der Tierarzt hatte eine weitere Röntgenaufnahme angefertigt, um den blockierten Bereich genauer zu lokalisieren, *doch es gab gar keine Blockierung mehr. Sie war völlig verschwunden!*

Der Tierarzt war verblüfft. Diese Art von Darmblockade verschwand normalerweise nicht von selbst. Er hatte beide Röntgenaufnahmen und sie stammten eindeutig von demselben Hund. Zippora wog nur rund zwei Kilogramm. Doch ihr winziger Darm war ganz und gar frei, und sie wirkte auch überhaupt nicht mehr krank. Als Jerry und Hattie kamen, wedelte sie fröhlich mit dem Schwanz. Seit diesem Tag nennt der Tierarzt Zippora nur noch seinen „Wunderhund".

Schon bald aber war Zippora diejenige, die zur Heilung anderer beitrug. Jerry und Hattie suchten nach jemandem, der sie bei der Erziehung ihres Welpen unterstützen könnte. Sie meldeten sich mit Zippora bei einer Frau an, die Therapiehunde ausbildete. Für diesen Dienst verlangte sie kein Geld. Stattdessen bot sie an, kostenlos mit Zippora zu arbeiten, wenn ihre Besitzer sich verpflichteten, später mit ihr Krankenhäuser oder Pflegeheime zu besuchen. Jerry und Hattie stimmten mit Freude zu.

Im Alter von sechs Monaten begann Zippora mit der Ausbildung, und als sie ein Jahr alt war, nahm Jerry sie mit zu therapeutischen Besuchen. Die kleine Hündin erwies sich als außerordentlich begabt, und so durften ihre Menschen miterleben, wie Gott sie auf erstaunliche Weise gebrauchte.

Jerry wird den Tag niemals vergessen, an dem er mit Zippora wieder das Krankenhaus betrat, das sie schon oft besucht hatten, und eine Notiz vorfand, er solle bitte zur Intensivstation kommen. Dort standen drei oder vier Ärzte und einige Krankenschwestern beieinander. Sie erklärten Jerry, sie hätten eine Patientin, die nach einer Operation nicht mehr reagierte. Sie lag nur im Bett und starrte an die Decke. Die Ärzte machten sich Sorgen, dass die Frau einen Gehirnschaden erlitten haben könnte. Nun standen sie vor der Entscheidung, ob sie aufwendige und kostspielige Untersuchungen durchführen sollten, um die Situation abzuklären. Doch erst einmal wollten sie sehen, ob Zippora bei der Patientin irgendeine Reaktion hervorrufen könnte, die solche Tests überflüssig machen würde.

Jerry zog sich die Schutzkleidung für die Intensivstation an und begab sich mit Zippora in das kleine Zimmer, in dem die Frau lag. Er zwängte sich an den Apparaten und Schläuchen vorbei, bis es ihm gelang, Zippora hochzuheben und sie über

den Kopf der Patientin zu halten. Er fing an, den Namen der Frau zu rufen. „Brie? Sie haben Besuch. Brie? Hier ist jemand, der Sie sehen möchte."

Zunächst schien die Patientin nicht zu reagieren. Dann aber bemerkte Jerry, dass Zippora ihren Kopf schieflegte, mal nach links und mal nach rechts. Er schob sich an einem weiteren Gerät vorbei, um näher an die Frau heranzukommen, und jetzt erst hörte er, wie sie leise mit der Zunge schnalzte. Sie schaute Zippora an und hatte ein kleines Lächeln im Gesicht. Hin und wieder blinzelten auch ihre Augen. Jerry drehte sich um und warf einen Blick durch das Fenster, hinter dem die Ärzte das Geschehen beobachteten und begeistert lachten.

Nachdem Zippora ihren Charme so erfolgreich bei der Patientin eingesetzt hatte, war es nun an der Zeit, den gestressten Ärzten etwas Gutes zu tun. Sie durften alle einmal den kleinen Hund auf den Arm nehmen, und einer von ihnen mochte gar nicht mehr aufhören, Zippora zu streicheln. Die Hündin hatte am Ende so viel von sich verschenkt, dass sie danach ganz erschöpft war und den ganzen nächsten Tag schlief.

ZIPPORA

Eine weitere Patientin, der Zippora ihre helfende Pfote reichen durfte, war ein Kind von etwa drei oder vier Jahren. Jerry hatte mit seinem Hund schon eine ganze Weile im Krankenhaus gearbeitet und wollte gerade wieder nach Hause, als eine Frau ihn ansprach und fragte, ob Zippora ein Therapiehund sei. Ihre kleine Tochter musste in den letzten sechs Monaten immer wieder ins Krankenhaus, und nun war sie depressiv geworden und lag nur noch still im Bett. Aber sie liebte Tiere. Ob Jerry sie mit Zippora bitte einmal besuchen könnte?

Jerry wusste, dass er die Erlaubnis des Personals brauchte, um mit dem Hund die Station zu betreten, wo das kleine Mädchen lag. Also machte er beim Schwesternzimmer halt und bekam dort grünes Licht für seinen Besuch. Als er eintraf, lag das Kind im Bett, die Arme fixiert, überall Infusionen. Jerry unterhielt sich kurz mit ihm, dann setzte er Zippora aufs Bett. Das Kind versuchte, Zippora mit dem Fuß zu streicheln. Daraufhin brachte Jerry Zippora näher heran, neben die Hüfte des Mädchens, und hielt den Hund fest, sodass die Kleine ihn erreichen konnte. Schon nach wenigen Minuten kniete das Kind im Bett und streichelte Zippora mit beiden Händen. Zippora ließ sich alles geduldig gefallen. Eine Krankenschwester, die vorbeikam und die Szene beobachtete, rief begeistert: „Gott sei Dank! Das ist ein reines Wunder. Schaut euch das an!"

Jerry und Zippora blieben über eine halbe Stunde bei dem Mädchen. Als sie wieder gingen, war das Kind auf den Beinen, und das ganze Pflegepersonal schaute vorbei. Anscheinend war die Kleine schon seit einer Woche nicht mehr aus dem Bett aufgestanden.

Zippora hat jedoch nicht nur ein Herz für Leute, die im Krankenhaus liegen. Auch sonst besitzt sie ein Gespür dafür, was ein Mensch gerade braucht. Jerrys Frau Hattie hat eine Freundin, die unter Parkinson und Alzheimer leidet. Wenn Zippora sie besucht, liegt sie ganz ruhig bei ihr auf dem Schoß. Und wenn sie im Einkaufszentrum jemanden entdeckt, der im Rollstuhl sitzt, will sie das Gleiche tun – wenn Jerry und Hattie es erlauben.

16

Zippora merkt anscheinend auch, dass jemand schwer krank ist, sogar wenn andere Menschen das nicht wahrnehmen können. Einmal mussten Jerry und Hattie ihr Auto reparieren lassen und verbrachten deshalb einige Zeit in der Werkstatt. Dort befand sich noch ein anderes Ehepaar, an dem Jerry und Hattie nichts Ungewöhnliches bemerkten. Doch Zippora legte sich neben die Frau und blieb die ganze Zeit an ihrer Seite, so wie sie es tut, wenn es einem Menschen nicht gutgeht. Nach einigem Zögern nahm Jerry den Mann beiseite und sagte ihm, Zippora habe anscheinend den Eindruck, dass es seiner Frau nicht gut gehe. Da fing der Mann an zu weinen und erzählte Jerry und Hattie, seine Frau habe Krebs im Endstadium und würde wahrscheinlich nur noch zwei bis drei Monate leben. Jerry und Hattie hatten es der Frau nicht angesehen, aber Zippora spürte es irgendwie.

Inzwischen kommt Zipporas heilsame Ausstrahlung nicht mehr in der Therapiearbeit zum Einsatz. Jerry und Hattie waren viel auf Reisen, daher war ein solches Engagement schwierig. In den letzten paar Jahren war Zippora vor allen Dingen Jerrys Assistenzhund. Denn Jerry hat Typ-2-Diabetes, und Zippora wurde so trainiert, dass sie ihn warnen kann, wenn sein Blutzuckerspiegel zu hoch oder zu niedrig ist. Nur zwei Tage bevor ich mich mit Jerry traf, um diese Geschichte von ihm zu hören, weckte Zippora ihn um drei Uhr morgens auf, indem sie seine Schulter leckte. Er war sehr müde und fühlte sich eigentlich gut. Also ignorierte er sie, drehte sich um und schlief weiter. Eine halbe Stunde später weckte sie ihn wieder, indem sie ihn am Rücken leckte. Dieses Mal merkte er, dass er stark schwitzte. Er stand auf, maß seinen Blutzucker, und tatsächlich war der Wert zu hoch.

Zippora kann sich in der Öffentlichkeit durchaus als Lady benehmen. Sie weiß, wenn sie ihre Kenndecke trägt, arbeitet sie als Therapiehund. Jerry muss bei seiner Arbeit an vielen Sitzungen teilnehmen, und dann ist die kleine Hündin in der Lage, drei oder vier Stunden stillzuliegen und keinen Ton von sich zu geben. Doch sobald sie zu Hause ist und die Kenndecke nicht mehr trägt, legt sie ihre Zurückhaltung ab und bellt herum wie andere Hunde auch.

Wenn ich höre, wie Zippora sich leidenden Menschen zuwendet und ihre Not lindert, dann muss ich an Jesus denken und an seinen Dienst hier auf der Erde. Wie viele Verse in der Bibel sprechen davon, dass er Mitleid mit den Menschen hatte und sie heilte! Er hat auch Mitleid mit leidenden Menschen heute. In Matthäus 14,13-14 steht zum Beispiel folgende Begebenheit: „Als Jesus das hörte [Herodes hatte Johannes den Täufer enthaupten lassen], zog er sich zurück; er fuhr mit dem Boot an einen einsamen Ort, um allein zu sein. Doch es sprach sich herum, dass er wegfuhr, und aus den umliegenden Ortschaften gingen ihm die Leute auf dem Landweg nach. Als Jesus aus dem Boot stieg und die vielen Menschen sah, ergriff ihn tiefes Mitgefühl, und er heilte die Kranken."

Diese körperliche Heilung steht symbolisch für die tiefere Heilung, die noch kommen soll. Unser liebevoller Gott sandte seinen Sohn Jesus, unseren Messias, um uns von der tödlichen Krankheit der Sünde zu heilen, und das, obwohl wir es gar nicht verdient hatten. In Römer 5,6-8 wird das so beschrieben: „Christus starb ja für uns zu einer Zeit, als wir noch ohnmächtig der Sünde ausgeliefert waren; er starb für Menschen, die Gott den Rücken gekehrt hatten. Nun ist es ja schon unwahrscheinlich genug, dass jemand sein Leben für einen unschuldigen Menschen opfert; eher noch würde man es vielleicht für einen besonders edlen Menschen tun. Gott hingegen beweist uns seine Liebe dadurch, dass Christus für uns starb, als wir noch Sünder waren." Das feiern Christen ja jedes Mal beim Abendmahl (vergleiche Matthäus 26,27-28).

Ein Hund kann ein Hinweis auf diese umfassende, tiefe Liebe Gottes sein. Jerry und Hattie wissen jedenfalls, dass ihr Hund ein Geschenk Gottes ist, und sie lieben und schätzen Zippora dafür.

Ein Neuanfang mit Hund

Gott gebraucht das Zerbrochene. Die Erdscholle muss aufge-
brochen werden, damit sie Ähren hervorbringen kann. Wolken
müssen aufbrechen, damit es regnet. Aus dem zerbrochenen Ge-
treidekorn wird Brot gemacht und das Brot, das wir brechen,
gibt uns Kraft. Das zerbrochene Alabasterfläschchen verströmt
den herrlichen Duft seines Parfüms. Und Petrus, der bitterlich
weinte, ging aus diesem Leid umso gestärkter hervor.

Vance Havner

Eines der berühmtesten zerbrochenen Wesen ist das Ei Humpti
Dumpti aus einem englischen Kinderreim, den man ungefähr
so wiedergeben kann[1]:

Hampti Dampti, ein schneeweißes Ei,
fiel von der Mauer und brach entzwei.
Der König schickt Ritter mit Pferd und Lanz,
doch wer von den Herren macht ein Ei wieder ganz?

Meine Freundin Harmony ist zwar kein Ei und sie fiel auch
nicht von einer Mauer. Als ihr Herz und ihr Leben in Stücke
brachen, kannte sie ihren König noch nicht, aber er kannte ihre
Not und wusste, was sie brauchte, um wieder heil zu werden.
Dazu sandte er keine Ritter mit Pferden und Lanzen aus, sondern einen Hund.

Schon als Kind lebte Harmony in einem kaputten Umfeld.
Einmal wurde sie sogar von einem Freund ihrer Mutter miss-
braucht. Sie war noch nicht einmal im Teenageralter, als sie und
ihr jüngerer Bruder drei Monate lang allein gelassen wurden,
mit nur 20 Dollar und einem Block von Essensgutscheinen
zum Überleben. Ein älterer Junge aus der Nachbarschaft kaufte
ihnen regelmäßig etwas zu essen. Auch er kam aus schwierigen
Verhältnissen. Irgendwann zog er in das Haus von Harmonys

Mutter ein. Als Harmony ihren Highschool-Abschluss hatte, besaß er eine eigene Wohnung, und die beiden lebten von da an zusammen.

Die Beziehung war durch Gewalt geprägt, aber Harmony erkannte das zunächst nicht. Eher nahm sie wahr, wenn andere misshandelt wurden, als wenn sie selbst das Opfer war. Sie besuchte das College und studierte Psychologie, ihre eigene Situation durchschaute sie lange nicht. Schließlich aber erkannte sie das Verhalten ihres Freundes als das, was es wirklich war, und zwar durch seinen Umgang mit einem Hund.

Chessie war ein American Staffordshire Terrier und lebte bei der Mutter von Harmonys Freund. Eines Tages hatte die Mutter einen Schlaganfall und wurde ins Krankenhaus eingeliefert. Harmony und ihr Freund erfuhren, dass der Hund allein zu Hause gelassen worden war. Harmony war eigentlich kein Hundemensch, aber Tiere hatte sie schon immer geliebt, und so bestand sie darauf, dass ihr Freund und sie sich um Chessie kümmerten. Sie fanden sie in der Küche eingesperrt ohne Futter und Wasser vor, so abgemagert, dass ihre Rippen hervortraten. Chessie durfte mit Harmony und ihrem Freund nach Hause.

Ab sofort war Harmony diejenige, die den Hund fütterte und mit ihm spazieren ging, und so entstand eine enge Beziehung zwischen den beiden. Harmonys Freund isolierte sie von anderen Menschen, aber nun hatte sie Chessie und der Hund wurde zu ihrem treuen Begleiter. Wenn die Situation zu Hause übel wurde, dann setzte sie ihre vierbeinige Freundin ins Auto und fuhr mit ihr durch die Gegend. Chessie war äußerst intelligent. Harmony hatte den Eindruck, dass sie mit ihr reden konnte wie mit einem Menschen. Statt ihr Befehle mit ein oder zwei Worten zu geben, sagte sie zu ihr: „Chessie, setz dich jetzt mal hin." Und das tat Chessie dann auch.

Heute, Jahre später, ist Harmony überzeugt, dass Chessie ihr etwas ganz Besonderes zu geben hat, was schließlich der Schlüssel zu ihrer endgültigen inneren Heilung war. Sie hat Psychologie und Sozialpädagogik studiert und weiß, was Fachleute zu

diesem Thema sagen: Ein wichtiger Faktor zur positiven Über-
windung traumatischer Erlebnisse sind gesunde, stabile Beziehungen. Harmony konnte eine solche Bindung zu Chessie
aufbauen, als es keine Menschen gab, die ihr halfen. Der Hund
wirkte sich enorm positiv für sie aus.

Chessie war für Harmony ein kostbarer Schatz, doch wie
sehr sie auch in Gefahr auf ihren Hund zählen konnte, war ihr
noch nicht bewusst. Chessie war lieb und sanft und manchmal
sah sie sogar aus, als ob sie lächelte. Wenn andere Hunde bellten, reagierte sie nicht darauf. Harmony fragte sich, ob Chessie
sie wohl beschützen würde, wenn es einmal darauf ankam. Die
Antwort erfuhr sie eines Nachts auf dramatische Weise. An jenem Abend war sie mit ihrem Hund allein zu Hause und als sie
einschlief, lag Chessie neben ihrem Bett auf dem Boden. Am
frühen Morgen fuhr sie aus dem Schlaf hoch, denn der Hund
stand über ihr, schaute in Richtung Fenster und bellte wild und
wütend. Harmony hörte draußen eine Stimme sagen: „Lass das
Messer fallen, wir verschwinden!"

Doch umgekehrt verteidigte Harmony auch Chessie. Der
Hund hatte Angst vor Harmonys Freund. Wenn der mit dem
Verhalten des Tieres nicht zufrieden war, konnte er sehr grob
werden. Allmählich wurde Harmony klar: Wenn er mit dem
Hund so umging, dann würde er es bei einem Kind auch so
machen. War er wirklich der Richtige für sie?

Nach dem Schlaganfall seiner Mutter hatte Harmonys
Freund sie dazu gedrängt, in einem Nachtklub als Stripperin
zu arbeiten, damit das Geld reichte. Die Arztrechnungen türm-
ten sich, und das Geld war immer knapp. Harmony tat, was
er von ihr verlangte, doch mit der Zeit wuchsen auch hier ihre
Bedenken.

Schließlich verließ Harmony sowohl ihren Freund als auch
die Sexindustrie. Der Freund wollte den Hund behalten, doch
Harmony erklärte: „Kommt gar nicht infrage!" Also blieb
Chessie bei Harmony als eine tief geliebte und geschätzte vier-
beinige Freundin und erreichte das hohe Alter von 15 oder 16
Jahren.

Chessie war Harmonys erste gesunde und stabile Beziehung. Doch Harmonys tiefste Beziehung wurde die zu Gott. Sie vertraute später ihr Leben Jesus an und er zeigte ihr, wie tief und bedingungslos sie von ihm geliebt wurde und dass er eine Aufgabe für sie hatte. Sie wurde nicht nur geheilt, sondern geradezu verwandelt. Harmony gründete eine Hilfsorganisation, die sich um Frauen in der Sexindustrie kümmert und ihnen deutlich macht, wie sehr Gott sie liebt und wertschätzt. Sie und ihre Kolleginnen haben auf diese Weise Frauen in ganz Amerika und in anderen Ländern mit der Botschaft von Gottes Liebe erreicht und viele für diesen Dienst ausgebildet. Wenn Frauen den Ausstieg aus der Szene wünschen, können sie sich an Harmony und ihre Mitstreiterinnen wenden und erhalten dort Rat und Unterstützung. Harmony hat auch ein Buch über ihre Erlebnisse geschrieben *(Nur einer sah meine Seele: Die Umkehr einer Stripperin)*. Derselbe Gott, der Harmony einen Rettungsring in Gestalt eines Hundes zuwarf, um ihren Heilungsprozess in Gang zu setzen, hat nicht nur ihre inneren Verletzungen geheilt und sie verändert, sondern sie auch gebraucht, um andere zur Heilung zu führen.

Das Zerbrochene heilen – das hat Gott schon immer getan. Als Jesus auf dieser Erde lebte, berührte und veränderte er viele leidende Menschen, deren Existenz zerbrochen war. Eine davon war Maria Magdalena. Wir wissen nicht viel über sie, aber die Bibel berichtet, dass sie von sieben Dämonen besessen war. Da andere Bibeltexte davon erzählen, was Dämonen alles anrichten, können wir nur ahnen, welche Qualen sie litt und wie einsam sie war. Nachdem Jesus sie befreit hatte, folgte sie ihm nach und gehörte von nun an zu denen, die ihn und seinen Dienst unterstützten. Sie sah auch aus der Ferne zu, als er gekreuzigt wurde, und beobachtete, wie man seinen Leichnam in einem geliehenen Grab bestattete. Als sie am dritten Tag zu der Grabstätte zurückkehrte, um den Leichnam weiter zu salben, war dieser verschwunden und zwei Engel sagten ihr, dass Jesus von den Toten auferstanden war. Dann erschien Jesus ihr persönlich (Johannes 20,1-18).

Jesus trieb die Dämonen aus, die Maria Magdalena in ihre Gewalt gebracht hatten. Er schickte Harmony einen Hund, um sie zu heilen. Er kümmert sich um unsere Verletzungen (vergleiche Psalm 147,2.3). Die Art und Weise, wie Jesus heilt, ist so individuell wie wir. Egal wie zerbrochen unser Leben ist: Er kann uns verwandeln und aus uns Gefäße machen, durch die seine Liebe zu anderen Menschen fließt. Das geschieht, wenn wir ihm unser Leben anvertrauen.

Vier Augen sehen mehr als zwei

Die Hoffnung ziert und erhellt unseren Weg wie eine brennende Kerze.
Je dunkler die Nacht, desto heller ihr Schein.
Oliver Goldsmith

Allen und sein schwarzer Labrador, der Blindenführhund Links, standen kürzlich an einer Bushaltestelle, als ein kleiner Junge fragte: „Ist das ein blinder Hund?"

„Hoffentlich nicht", erwiderte Allen, „sonst hätten wir nämlich beide ein Problem." Allen besitzt ein Sehvermögen von nur noch 15 Prozent, und Links hilft ihm, sich in seiner Umgebung sicher fortzubewegen. Aber das ist längst nicht alles, was Links für sein Herrchen tut. Der Hund ist für ihn auch ein emotionaler Lichtblick, er schenkt ihm Liebe, leistet ihm Gesellschaft und lässt allein schon durch seine Gegenwart Allens Leben ein gutes Stück heller werden.

Links ist Allens dritter Assistenzhund. Den ersten bekam er, nachdem er von einem Auto angefahren worden war. Durch den Aufprall wurde Allen auf die Fahrbahn geschleudert und beinahe von einem Lkw überfahren. Schon vorher hatte er sich

Gedanken über die Anschaffung eines Blindenführhundes gemacht, doch nun war er zum Handeln gezwungen. Ein großer schwarzer Labrador namens John T. ersetzte von da an Allens Augenlicht, und nachdem er ihm jahrelang treu gedient hatte, wurde er von der gelben Labradorhündin Jolly abgelöst. Als diese aufgrund ihres hohen Alters und einer beginnenden Arthritis in den Ruhestand gehen musste, nahm Links ihren Platz ein.

Links war von einer Organisation für Blindenhunde zwei Jahre lang ausgebildet worden. Er kennt mehr als vierzig Befehle und sechzig Wörter. Viele dieser Wörter sind Orte oder bestimmte Plätze an diesen Orten, zum Beispiel die Sauna in dem Sportzentrum, das Allen häufig besucht. Links hilft seinem Herrchen nicht nur, dorthin zu gelangen, wohin er möchte, er achtet auch auf den Weg. Wenn es eine Erhöhung oder Vertiefung gibt, wie einen Bordstein, bleibt Links stehen und macht Allen so darauf aufmerksam, dass es ein Problem gibt und er vorsichtig sein muss.

Was aber geschieht, wenn Allen den Hinweis nicht versteht oder eine unerwartete Gefahr droht? Dann ist Links darauf trainiert, einzuschreiten und die Situation zu steuern. Das nennt man „intelligenten Ungehorsam". Wenn Links den Eindruck hat, dass Allen in Gefahr ist, weigert er sich weiterzugehen. Sollte Allen versuchen, sich über Links Warnung hinwegzusetzen, oder tritt eine unmittelbare Bedrohung ein, dann schneidet Links seinem Herrchen den Weg ab, hindert ihn am Weitergehen oder zwingt ihn sogar umzukehren.

Erst vor Kurzem musste Links eingreifen und mitten auf einer viel befahrenen Kreuzung in der Nähe von Allens Haus die Kontrolle übernehmen. Allen konnte ja nicht viel davon sehen, doch Zeugen erzählten ihm später, was passiert war. „Wir überquerten gerade die Straße, als direkt vor uns ein Auto rechts abbog", erzählt Allen. „Links verhielt sich genauso, wie er trainiert worden war. Er schnitt mir den Weg ab und versuchte mich aufzuhalten. Leider war er aber nicht schnell genug, und das Auto streifte ihn. Ich konnte spüren, wie er zwischen meinem Bein und dem Auto eingeklemmt wurde. Trotzdem gelang es

ihm, mich sicher zum Bürgersteig zurückzubringen, obwohl er eine große Schramme am Kopf hatte! Er hat mich ganz klar davor bewahrt, schwer verletzt zu werden." Glücklicherweise trug der vierbeinige Held keine bleibenden Schäden davon und war schon nach ein paar Tagen wieder ganz einsatzfähig.

Allens Hunde haben seinen Horizont erweitert, und zwar in vielerlei Hinsicht. Es war teilweise John T. zu verdanken, dass Allen die Gelegenheit bekam, eine Fernsehsendung mit dem Titel *Cooking Without Looking* mit zu moderieren („Kochen ohne hinzuschauen" – eine Kochsendung im amerikanischen Fernsehen für sehbehinderte Menschen). Er und ein paar andere Freiwillige hatten sich bereit erklärt, als Zuschauer dabei zu sein, und wie immer wurde Allen dabei von seinem Hund begleitet. Jemand richtete einen Scheinwerfer auf ihn und fragte ihn, inwiefern sein Assistenzhund ihm in der Küche helfe. „John T. hilft mir beim Aufräumen", erwiderte Allen trocken. „Wenn etwas auf den Boden fällt, dann gehört es ihm."

John T. bekam also die leckeren Dinge, die auf den Boden fielen (natürlich nur die, die er gut vertragen konnte), und Allen wurde von da an als Co-Moderator für die Sendung engagiert. Das hatte er seinem Hund zu verdanken, der sozusagen der Türöffner für ihn gewesen war. Seit Jahren helfen seine Assistenzhunde ihm dabei, rechtzeitig zum Studio zu gelangen. Sie navigieren ihn bei der Anreise mit öffentlichen Verkehrsmitteln und führen ihn auch sicher durch das Fernsehstudio. Wenn jemand Allen irgendwohin bringen muss, deutet Allen auf die Person und sagt zu seinem Hund: „Folge ihm." Dann sorgt das Tier dafür, dass Allen diesen Menschen nicht aus den Augen verliert.

Allen gefällt es, bei der Show mitzuwirken, denn sie hilft sehbehinderten Menschen dabei, sich in ihrer Küche sicher zu bewegen und mehr selbst zu erledigen. „Wer sein Augenlicht verliert, verliert damit oft auch seine Selbstständigkeit", erzählte Allen mir. „Wenn man beim ersten Mal einen Fehler macht, dann traut man sich nicht mehr heran. Wir versuchen das zu verhindern, indem wir den Leuten hilfreiche Tricks beibringen." Zum Beispiel kann man lernen, Gewürze am Duft zu unterscheiden. Am Klang der Kaffeemühle lässt sich erkennen, ob der Kaffee richtig gemahlen ist. Wenn jemand noch ein wenig sehen kann, helfen ihm Behälter mit verschiedenen Farben, Formen und Größen dabei, die Inhalte voneinander zu unterscheiden. Die Bedienung mancher Küchengeräte wie zum Beispiel die Mikrowelle lassen sich durch einen Aufkleber, den man fühlen kann, erkennbar machen.

Die (englischsprachige) Koch-Show ist auf YouTube zu sehen, sie hat auch eine eigene Internetseite sowie einen Twitter- und Facebook-Account. Eine Zeit lang wurde sie nicht gesendet, doch das hat sich inzwischen wieder geändert. Seit Herbst 2015 werden wieder neue Sendungen produziert.

Mittlerweile hat Links Allen dabei geholfen, sich nach einem Umzug in der neuen Umgebung zurechtzufinden. Dank seines Hundes ist Allen nie allein, er kann sich mit ihm gut unterhalten, und das ist für ihn ein Pluspunkt auch in der Begegnung mit anderen Menschen.

Links und die Hunde, die Allen vor ihm hatte, waren für ihn auch immer ein Trost bei Problemen, die anderen Menschen gering erscheinen, für ihn aber riesig sind. Zum Beispiel leistet Links seinem Herrchen Gesellschaft, wenn dieser am Computer arbeitet. Da Allen noch ein wenig Sehkraft besitzt, kann er zwar einen Computer benutzen, aber ein Vergnügen ist das nicht für ihn. Er muss mit dem Gesicht dicht an den Bildschirm heran und seinen Kopf auf- und abbewegen, um die Texte lesen zu können. Sich auf die Schrift zu konzentrieren ist für seine Augen sehr anstrengend. Glücklicherweise hat er ein Programm, das Schriften vergrößern, Farben verändern und sogar Texte vorlesen kann. Trotzdem bleibt es eine anstrengende Beschäftigung, die er kaum genießen kann. Was er aber sehr genießt, ist, dass Links dann angetrottet kommt, sich neben ihm zusammenrollt und den Kopf auf Allens Füße legt – eine sanfte, wohltuende Berührung, die ihm zeigt, wie sehr sein Hund ihn liebt.

Wenn ich über Links nachdenke und über den heilsamen Einfluss, den er auf Allens Leben hat, dann erinnert mich das

ein wenig an die Propheten, die den Israeliten dienten. Gott sandte sie in bestimmten Zeiten der Geschichte zu seinem Volk, wenn diesem eine geistliche Gefahr drohte. Wenn Israel sich zum Beispiel nicht mehr an Gottes Gebote hielt und dadurch dem Götzendienst verfiel. Dann war es in großer Gefahr. Gottes Propheten versuchten, die Israeliten zurück zu Gott zu führen. Sie wiesen die Menschen darauf hin, wie Gott ihre Sünde sah. Und sie warnten sie, wenn sich auf ihrem geistlichen Weg ein gefährliches Hindernis befand.

Auch bei den Propheten gab es so etwas wie „intelligenten Ungehorsam". Sie ordneten sich den irdischen Herrschern nicht unter, auch wenn sie dabei ihr Leben aufs Spiel setzten. Sie versuchten, die Könige – und die ganze Nation – vom Bösen wieder abzubringen, auch wenn es für sie selbst Ablehnung und Verfolgung bedeutete.

Links weiß, dass es seine Aufgabe ist, Allen sicher zu geleiten, aber er ist nur ein Hund. Er kann keinen heilsamen Einfluss auf Allen ausüben, wenn dieser es nicht zulässt. Ebenso konnten auch die Propheten die Israeliten nicht zwingen, ihrem Rat zu folgen. Gott wäre zwar in der Lage, uns seinen Willen aufzuzwingen, aber er tut es nicht. Er lässt uns frei entscheiden, obwohl er als der große Arzt sich danach sehnt, uns durch sein Wort, seinen Geist und durch unseren Retter Christus zur geistlichen Heilung zu führen. Wenn unsere geistliche Sicht getrübt ist und wir auf dem Lebenspfad ins Stolpern geraten, dann können wir uns im Gebet an ihn wenden und ihn bitten, uns zu führen. Er wird es tun (siehe 2. Mose 15,13).

Anders als erwartet

Ein Unkraut ist nichts anderes als eine ungeliebte Blume.
Ella Wheeler Wilcox

Mysti, eine rotbraune Belgische Schäferhündin, verhielt sich nicht so, wie es von ihr erwartet wurde, und ihre menschliche Gefährtin Gale war deshalb ziemlich verärgert. Sie hatte große Hoffnungen in ihre Therapiehündin gesetzt. Am liebsten wollte sie einem Kriseninterventionsteam angehören und nahm daher an einem Extratraining mit Mysti teil, damit sie ein Team bilden konnten.

Doch leider schien Mysti von Gales Traum nichts zu halten. Sie vertrug sich nämlich nicht allzu gut mit anderen Vierbeinern ihrer Art. Die Kriseninterventions-Arbeit erfordert jedoch das Zusammenwirken unterschiedlicher Teams von Hunden und Menschen, und das schien einfach nicht zu Mystis Persönlichkeit zu passen. Gale kam mit dieser Situation nicht zurecht und kämpfte gegen das Gefühl an, ihr Hund habe sie irgendwie im Stich gelassen.

Doch dann war es plötzlich, als hätte sich ein Schleier gelüftet. Gale war wie vom Blitz getroffen durch eine Erkenntnis, die ihrem Eindruck nach direkt von Gott kam. Mit einem Mal wurde ihr klar, dass sie dabei war, ein Muster zu wiederholen. Ihre eigene Mutter hatte sie immer dazu gedrängt, jemand anderes zu sein, als sie wirklich war. Nun tat sie selbst dasselbe mit ihrem Hund.

Gale erkannte, dass sie offen sein musste für das, was Mysti in ihrem Leben brauchte. Es war nicht richtig, wenn sie ihr ihre eigenen Pläne aufzwang. Stattdessen sollte sie lieber ein Gespür für Mystis Talente entwickeln und herausfinden, was ihren Hund glücklich macht. Heute sagt Gale, dass Mysti hierin ihr großer Lehrmeister war, denn das Tier brachte ihr bei, andere so anzunehmen, wie sie sind, ihre Fähigkeiten und ihren derzeitigen Stand zu akzeptieren.

Manchmal dauert es eine Weile, bis wir solche Einsichten von Gott verdaut haben, und so war es in diesem Fall auch. Gale wollte ihren Traum von der Krisenintervention nicht so schnell aufgeben. Also musste Gott ihr noch einen Extraschubs in die richtige Richtung geben. Das geschah, als Gale und Mysti an einer Übung des Kriseninterventions-Teams teilnahmen und eine Krisensituation simuliert wurde. Mysti war erschöpft und schnappte nach einem anderen Hund, während jemand sie gerade streichelte. Nun verstand Gale die Botschaft und handelte entsprechend.

Das alles ist schon Jahre her. Mysti wurde danach in einer sehr schönen Therapiearbeit eingesetzt, die sie mochte und für die sie gut geeignet war. Gale nahm ihren Hund nicht nur ganz so an, wie er war; sie nutzte auch die Lektion, die sie von Mysti gelernt hatte, um sie an andere Hund-Mensch-Teams weiterzugeben. Nun bringt sie den Hundebesitzern, die sie ausbildet und trainiert, bei, erst einmal herauszufinden, was ihr Hund will, und den Welpen nicht in eine Rolle zu drängen, die er nicht ausfüllen kann. Sie bedauert, dass sie das bei Mysti nicht gleich so gemacht hat, und versucht jeden Tag, diesen Fehler bei ihrem Hund wiedergutzumachen.

Wenn ich über die Einsicht nachdenke, die Gott Gale durch Mysti geschenkt hat, dann erinnert mich das irgendwie an die neutestamentliche Geschichte von Maria und Martha. Sie waren die Schwestern von Lazarus und folgten beide Jesus nach. In Lukas 10,38-42 lesen wir: „Als Jesus mit seinen Jüngern weiterzog, kam er in ein Dorf, wo ihn eine Frau mit Namen Martha in ihr Haus einlud. Sie hatte eine Schwester, die Maria hieß. Maria setzte sich dem Herrn zu Füßen und hörte ihm zu. Martha hingegen machte sich viel Arbeit, um für das Wohl ihrer Gäste zu sorgen. Schließlich stellte sie sich vor Jesus hin und sagte: ‚Herr, findest du es richtig, dass meine Schwester mich die ganze Arbeit allein tun lässt? Sag ihr doch, sie soll mir helfen!‘ – ‚Martha, Martha‘, erwiderte der Herr, ‚du bist wegen so vielem in Sorge und Unruhe, aber notwendig ist nur eines. Maria hat das Bessere gewählt, und das soll ihr nicht genommen werden.‘"

Maria und Martha hatten unterschiedliche Gaben und Talente. Und sie waren auch verschieden in dem, was sie glücklich machte. Martha war eine Macherin. Unter den Menschen des ersten Jahrhunderts gehörte sie zu denen, die das Multitasking liebten. Sie hatte gern Gäste und konnte viele Dinge gleichzeitig in Gang halten. Maria dagegen war eine Denkerin. Sie liebte es, etwas zu lernen, vor allem über Gott, und war bestimmt glücklich, wenn sie stundenlang geistliche Lehren in sich aufnehmen konnte.

Ich bin überzeugt, dass Jesus beide Schwestern von Herzen liebte und sie für ihre Art schätzte. Und ich denke, dass er für Martha zwei Botschaften hatte: Zum einen wollte er sie davor warnen, vor lauter Arbeit und Engagement die Freude an der Beziehung zu ihm zu verlieren. Aber vielleicht wollte er auch, dass sie ihre Schwester Maria so anerkannte und wertschätzte, wie sie nun einmal war. So wie Gale es auch bei ihrem Hund lernte.

Gott liebt uns alle um unserer selbst willen und er möchte, dass wir einander ebenso lieben. Wir können ihn bitten, uns zu zeigen, wo wir in dieser Hinsicht etwas falsch gemacht haben, damit wir geheilt werden und er uns gebrauchen kann, um auch anderen zu helfen.

Es brauchte nur einen Hund ...

Vielleicht wirst du enttäuscht, wenn du zu viel vertraust, aber wenn du zu wenig vertraust, leidest du Qualen.
Frank Crane

Vielleicht haben Sie schon einmal den Spruch gehört: „Es braucht ein ganzes Dorf, um ein Kind zu erziehen." Aber was ist, wenn in dem Dorf etwas furchtbar schiefgeht? Wenn der

Stiefvater den kleinen Jungen misshandelt? Wenn das Kind so sehr verprügelt wird, dass es schon in jungen Jahren davonläuft? Und nehmen wir an, der Junge kommt von einem Kinder- und Jugendheim ins andere und wird von einem Richter, der kein Verständnis für ihn hat, als „schwer erziehbar" bezeichnet.

Der Junge, von dem ich hier erzählen will, ist auch noch Legastheniker und kann weder richtig lesen noch schreiben. Das isoliert und verletzt ihn und nagt an seinem Selbstbewusstsein. Dazu kam, dass er als junger Mann in die amerikanischen Streitkräfte eintrat und im Vietnamkrieg kämpfte, was seinen Hang, sich zu verschließen und keine Gefühle zu zeigen, noch weiter verstärkte. Durch all diese Erlebnisse wurde sein Herz regelrecht blockiert, aber ihm ist das nicht bewusst und keine Operation könnte ihn heilen.

So war es bei John, den ich erst vor Kurzem kennengelernt habe. Trotz allem gab es für ihn noch Hoffnung auf Heilung. Und dazu brauchte es kein ganzes Dorf, sondern nur einen Hund ...

Die Kleine hieß RJ und war ein Welpe, der im Alter von fünf Wochen in Johns Leben trat. Sie war ein Mix aus Schäferhund, Shar-Pei und einer Promenadenmischung. John machte sich damals nicht viel aus Tieren. Aber Pepper, die Frau, aus der er sich ganz viel machte, wollte diesen Hund. Peppers Cousins hatten den Welpen für ihre Mutter gekauft, deren Hund gerade gestorben war. Doch die Mutter trauerte so sehr, dass sie sich noch nicht vorstellen konnte, einen neuen vierbeinigen Gefährten bei sich aufzunehmen. Peppers Cousins hatten keinen eingezäunten Garten. Also rief Pepper John an und fragte, ob sie den Welpen mitbringen dürfte. John willigte ein, jedoch unter der Bedingung, dass Pepper sich allein um den Hund kümmerte, denn er selbst wollte damit nichts zu tun haben.

Pepper, die Tiere über alles liebt, hatte damit kein Problem. Es stellte sich heraus, dass RJ ein ganz wunderbarer kleiner Welpe war. Pepper suchte sich rechtzeitig eine Hundeschule und nahm mit der Kleinen an Kursen teil. Anfangs merkte sie nicht, dass RJ auch allmählich Johns Herz eroberte. Eines Tages, als

RJ etwa neun Monate alt war, sprang sie auf die Couch, was eigentlich nicht erlaubt war. Pepper wies sie zurecht, aber John ging dazwischen. „Wenn sie uns beiden gehört, möchte ich, dass sie wie jedes andere Familienmitglied auf der Couch sitzen kann", sagte er zu Pepper.

Von diesem Augenblick an war das Eis gebrochen. John war mehr zu Hause als Pepper und so entwickelte sich zwischen ihm und RJ eine besondere Beziehung. Die Hündin wurde für John wie das Fenster zu einer ganz neuen Welt. Er hatte bis dahin noch nicht viele Kontakte zu Kindern und Tieren gehabt. Tiefe Beziehungen zu anderen Menschen aufzubauen fiel ihm nicht leicht. Der Grund dafür war die unsichtbare, starke emotionale Mauer, die er unbewusst zwischen sich und anderen errichtet hatte. Er war ein professioneller Musiker, Singer-Songwriter und Komponist, und er fand durchaus einen Draht zu seinem Publikum und seinen Fans. Aber bei persönlichen Beziehungen war das anders. Es fehlte ihm an Vertrauen, um seine Rüstung abzulegen. Das änderte sich durch RJ.

Durch RJ bekam John die Gelegenheit, sich um jemand anderen als um sich selbst zu kümmern. Gegenüber dem Hund erlaubte er sich Gefühle, die er gegenüber Menschen nicht riskierte. John merkte: Die kleinen Schritte, die er mit seinem geliebten Hund unternahm, machten ihm Mut, auch bei Menschen ein Risiko einzugehen.

Ein solches Risiko stellte Johns Mutter dar. Sie hatte ihn zwar nicht misshandelt, anders als sein Stiefvater, aber sie hatte weggesehen und John nie gesagt, dass sie ihn liebte. Pepper ermutigte John, auf seine Mutter zuzugehen, und das tat er dann auch. Aber er hatte immer noch keine tiefere emotionale Bindung zu ihr aufgebaut. Das änderte sich eines Tages, als er seine Mutter im betreuten Wohnen besuchte. Durch die wachsende emotionale Beziehung zu seinem Hund kühn geworden, beschloss John, den Sprung zu wagen. Als er sich an jenem Nachmittag von seiner Mutter verabschiedet hatte, drehte er sich noch einmal zu ihr um und sagte: „Ich habe dich lieb." Sie wandte sich ab, starrte auf den Boden und brachte nur ein „Ja, ich weiß" hervor.

Das war nicht gerade viel, aber John ließ nicht locker. Es brauchte Monate, bis seine Mutter endlich auch zu ihm sagen konnte: „Ich habe dich lieb." Für John begann an diesem Tag ein neues Leben. Er merkte: Wenn er anderen gegenüber sein Herz öffnete und ihnen seine Gefühle zeigte, konnte er ihnen helfen, ebenfalls offen zu werden.

John und RJ brauchten keine Worte, um einander mitzuteilen, dass sie sich mochten. John erinnert sich, dass sie oft beide auf dem Bett saßen und einander nur ansahen. John konnte den Atem des kleinen Welpen spüren. Und die beiden spürten ihre gegenseitige Liebe.

RJ merkte auch, wenn John niedergeschlagen war. Einmal nahm er den Hund mit zu Thermalquellen. Sie wohnten in einer kleinen Hütte. John entspannte sich auf dem Bett, als ihn plötzlich eine Welle der Depression überkam. RJ wurde sofort aufmerksam und sprang aufs Bett. Sie legte sich dicht neben John, als ob sie wüsste, was mit ihm los war, und schon gleich ging es ihm besser.

RJ spürte es auch, wenn es anderen nicht gut ging. Einmal fing sie heftig an zu bellen, weil der kleine Nachbarhund entlaufen war. Sie beruhigte sich erst, als der Welpe wieder wohlbehalten zu Hause war. Ein anderes Mal schlug sie Alarm, als es bei einer anderen Nachbarin Probleme gab. Da auf das Klingeln hin keiner die Tür aufmachte, rief jemand die Feuerwehr. Diese brach die Tür auf und fand die Frau auf dem Boden des Badezimmers. Sie konnte nicht mehr aufstehen und hatte schon einen ganzen Tag lang dort gelegen.

Dank seines Hundes konnte John im übertragenen Sinne wieder aufstehen. Er hatte aufgrund seiner Kriegserlebnisse unter Depressionen und Albträumen gelitten, doch das war nun vorbei. Heute liebt er Tiere und Kinder und teilt begeistert sein Leben mit ihnen. Ja, er mag eigentlich Menschen jeden Alters und sie mögen ihn. Sie kommen gern zu ihm und zu Pepper und verbringen Zeit mit den beiden. Es gibt nichts, was John glücklicher macht.

Und was RJ betrifft: Nach vierzehn Jahren, drei Monaten

und zwölf Tagen mussten John und Pepper sie am 4. April 2012 einschläfern lassen. John sagte mir, das sei der schlimmste Schmerz gewesen, den er je empfunden hätte. Doch dank des heilsamen Einflusses, den RJ in seinem Leben hinterlassen hatte, konnte er seine Trauer überwinden. Jetzt teilen John und Pepper ihr Haus mit Jazz, einem Hund aus einer Rettungshundestaffel.

John und RJ erinnern mich an einen berühmten biblischen Sänger, Komponisten und Musiker: David, der viele Psalmen geschrieben hat und Israels größter König war, führte ein ganz anderes Leben als John. Aber auch er musste sich großen Herausforderungen stellen. Und wie John fiel er manchmal in ein tiefes Loch der Depression. Aber er fand einen Weg heraus. In Psalm 40,2-4 schreibt er:

„Beharrlich habe ich auf den Herrn gehofft, da wendete er sich mir zu und erhörte mein Schreien. Er zog mich aus der Grube, die mein Ende bedeutet hätte, aus Schlamm und Morast, er stellte meine Füße auf festen Grund und gab meinen Schritten sicheren Halt. Ein neues Lied hat er mir geschenkt, lässt mich einen Lobgesang anstimmen auf ihn, unseren Gott. Viele Menschen werden sehen, was er für mich getan hat. Dann werden sie dem Herrn voll Ehrfurcht vertrauen."

Das ist ein Gebet, das auch John beten könnte.

Neulich hörte ich im Gottesdienst eine Predigt über diesen Psalm. Der Pastor sagte: Wenn wir in tiefer Verzweiflung stecken, sehen wir nicht viel anderes. Wir nehmen nur unseren Schmerz wahr. In unserer Grube finden wir keine Hoffnung. Aber für David änderte sich das Bild. *Gott kam zu ihm herunter!* Und als Gott die Szene betrat, änderte sich das Bild. David richtete seinen Blick auf den Herrn und bekam so neue Hoffnung.

In Johns Fall war es RJ, die die Szene betrat – ganz sicher hat Gott RJ zur Heilung für John gebraucht. Ich weiß nicht genau, wie John das sieht, aber er erzählte mir, dass er inzwischen seine Probleme dem Herrn anvertraut. Er weiß auch, dass seine Kreativität ein Geschenk Gottes ist, und wenn er versucht, seine

Musik aus eigener Kraft zu erschaffen, dann erkennt er schnell den Unterschied.

Falls Sie einmal in einer Grube stecken und nichts anderes als Ihre Probleme sehen, müssen Sie nicht dort bleiben oder selbst einen Ausweg suchen. Gott wartet nur darauf, dass er die Szene betreten und Sie mit seiner bedingungslosen Liebe tragen kann. Dann schenkt er Ihnen ein neues Lied, so wie er es auch für David und John getan hat. Oder für Jeremia: „Da schrie ich zu dir um Hilfe, o Herr, tief unten aus der Grube flehte ich dich an, deine Ohren nicht vor mir zu verschließen. Und wirklich: Du hast mich erhört! Als ich rief, kamst du mir ganz nahe und sprachst: „Fürchte dich nicht!" (Klagelieder 3,55-57)

Ein Türöffner

Mit einem ganz kleinen Schlüssel kann man eine sehr schwere Tür öffnen.
Charles Dickens

Manchmal tun Menschen für Hunde etwas, das sie für Menschen nie tun würden, und darum können unsere treuen Vierbeiner mit ihren Pfoten so manche Tür zur Heilung öffnen, was Menschenhände nicht vermögen. Solche Pfoten besitzt auch die Belgische Schäferhündin Mysti, die wir ja schon im Kapitel „Anders als erwartet" kennengelernt haben.

Mysti half einem Patienten, der einen Schlaganfall erlitten hatte. Sie und ihre menschliche Begleiterin Gale lernten ihn kennen, während sie im Rahmen der tiergestützten Therapie in einer Rehaklinik arbeiteten. Durch den Schlaganfall war der Patient halbseitig gelähmt, und das betraf natürlich auch seinen Arm. Die Therapieübungen für diesen Arm bereiteten dem Mann Schmerzen und darum wollte er sie nicht mehr fortsetzen.

Das änderte sich aber an dem Tag, als die Physiotherapeutin Gale und Mysti erblickte und sah, dass Gale einen Tennisball in der Hand hielt. Sie winkte die beiden zu sich und fragte den Patienten, ob er den Ball für Mysti werfen wolle. Allerdings müsse er das mit seinem kranken Arm tun.

Der Mann willigte ein. Es zeigte sich, dass die beiden ein optimales Team waren. Mysti liebte ihren Ball. Er war das einzige Spielzeug, mit dem sie sich beschäftigte. Dabei war es ganz egal, wie und wohin der Ball geworfen wurde; sie brachte ihn immer wieder zurück. Am Anfang konnte ihr neuer Freund nur kurze Distanzen werfen. Dann sprang Mysti hoch und fing den Ball mit dem Maul auf. Der Mann war begeistert. Mit der Zeit konnte er den Ball immer weiter werfen. Dann lief Mysti hinterher, brachte den Ball zurück und legte ihn dem Mann auf den Schoß.

Einen ganzen Monat lang besuchte Mysti den Patienten jede Woche und spielte mit ihm. Wenn er den Ball warf, klagte er nie über Schmerzen. Sein Zustand verbesserte sich enorm und bald schon war er auch bereit, therapeutische Übungen zu machen, wenn Mysti nicht da war. Er wollte alles über den Hund erfahren, und Gale war gern bereit, es ihm zu erzählen. Sie erfuhr von ihm, dass er Hunde liebte und zu Hause einen hatte, den er sehr vermisste. Gale ist überzeugt, dass diese Gespräche dem Patienten ebenfalls guttaten. Als der Monat um war, wurde er nach Hause entlassen und Gale weiß nicht, wie es danach weiterging. Auf jeden Fall aber hatte er bis dahin große Fortschritte gemacht.

Gale und Mysti arbeiteten auch mit autistischen Kindern, und hier gelang es Mysti ebenfalls, Türen zu öffnen, die Menschen verschlossen blieben.

Ein kleines Mädchen war an den Punkt gelangt, an dem sie überhaupt nicht mehr tat, worum man sie bat. Auf Bitten der Lehrerin kam Gale mit Mysti und besuchte das Mädchen. Das Kind hatte viel Freude daran, Mysti Leckerlis zu geben. Gale

merkte, dass sie dies nutzen konnte, um das Mädchen zu einer Verbesserung seiner Sprachfähigkeit anzuregen. Die Kleine war nämlich schwer zu verstehen. Wenn sie Mysti aber ein Leckerli zukommen lassen wollte, dann musste sie zunächst Worte gebrauchen, um Mysti ein einfaches Kommando zu geben.

Am Anfang konnte Mysti das Mädchen nicht verstehen. Gale löste das Problem, indem sie sich hinter das Kind stellte und Mysti ein Signal mit der Hand gab, sobald das Mädchen etwas sagte. Dann gehorchte Mysti und bekam von dem Kind eine Belohnung. Gale und Mysti arbeiteten über einen längeren Zeitraum mit dem Mädchen, und dessen Sprache verbesserte sich so sehr, dass die Handsignale irgendwann überflüssig wurden.

Das Kind brachte Mysti auch Wasser, las ihr vor und machte Puzzles für sie. Dabei wählte sie Holzpuzzles mit Tiermotiven aus, fügte sie zusammen und hielt sie hoch, damit der Hund sie sehen konnte. Die Lehrerin war begeistert. Und als die Mutter des Mädchens kam und das alles beobachtete, fing sie vor Freude an zu weinen.

Ein anderes Kind galt als schwer lernbehindert. Es war gelähmt und saß im Rollstuhl, mit einem Tablett vor sich. Was das Mädchen aber konnte, war Bälle zu werfen. Allerdings hatte sie keine Kontrolle darüber, wie sie den Ball warf.

Das aber machte Mysti gar nichts aus. Sie holte den Ball, egal wohin er flog, selbst wenn sie dafür unter ein Regal kriechen musste. Immer brachte sie ihn zurück und legte ihn dem Mädchen auf das Tablett. Niemand hatte Mysti das beigebracht. Die Lehrerin des Kindes sagte, diese Aktivität sei für das Mädchen das absolute Highlight in der Schulzeit.

Ein weiteres autistisches Kind durfte mit Gales Erlaubnis Mysti bürsten, und zwar mit einer speziellen, besonders weichen Bürste, die Gale eigens dafür mitbrachte. Eines Tages fing der Junge plötzlich an, die Bürstenstriche zu zählen. Er kam von allein bis zur Zahl Fünfzig. Das hatte er vorher noch nie geschafft.

Gale sieht Mystis besondere Gabe darin, dass sie Türen öffnen kann. Sie findet einen Zugang zu den Patienten und bewegt sie zu einer Aktivität, die sich heilsam auswirkt. Man könnte sagen: Im geistlichen Bereich gibt es hier durchaus eine Parallele, wenn wir das Wirken des Heiligen Geistes an uns betrachten. Er öffnet die Tür zu unseren Herzen, damit wir das heilsame Geschenk der Vergebung empfangen können, und zwar durch den Glauben, dass Jesus am Kreuz für unsere Sünden gestorben ist.

Die Bibel ist voller Beispiele für die Inspiration, den Trost und die Weisung durch den Heiligen Geist, doch eines davon steht mir besonders vor Augen. Es geschah an Pfingsten, nach dem Tod und der Auferstehung von Jesus. Jesus hatte seine Jünger beauftragt, die gute Nachricht des Evangeliums in der ganzen Welt zu verbreiten. Sie sollten damit aber warten, bis der Heilige Geist sie bevollmächtigte. Das Pfingstfest fand fünfzig Tage nach dem Passafest statt, dem Fest, mit dem die Gabe der Zehn Gebote durch Gott an Mose auf dem Berg Sinai gefeiert wird. Die Jünger hatten sich versammelt. In Apostelgeschichte 2,2-4 steht, was dann geschah: „Plötzlich setzte vom Himmel her ein Rauschen ein wie von einem gewaltigen Sturm; das ganze Haus, in dem sie sich befanden, war von diesem Brausen erfüllt. Gleichzeitig sahen sie so etwas wie Flammenzungen, die sich verteilten und sich auf jeden Einzelnen von ihnen niederließen. Alle wurden mit dem Heiligen Geist erfüllt und sie begannen, in fremden Sprachen zu reden; jeder sprach so, wie der Geist es ihm eingab.“

Zum Passafest war eine große Menschenmenge in Jerusalem versammelt, fromme Juden aus allen Teilen des Römischen Reiches. Sie redeten folglich in vielen verschiedenen Sprachen. Dann aber hörten sie die Jünger in ihrer jeweiligen Muttersprache reden, obwohl die Jünger alle aus Galiläa stammten und dazu eigentlich gar nicht in der Lage sein konnten. Petrus hielt eine vollmächtige Predigt über Jesus, den er als den Messias verkündigte. Die Zuhörer hörten die Botschaft in ihrer eigenen Sprache und so kamen an jenem Tag dreitausend Menschen zum Glauben.

Gott hat uns geschaffen. Er weiß, dass unser Herz auf eine Weise verschlossen sein kann, die wir kaum ahnen. Darum hat er uns seinen Geist gesandt, der uns in Gottes heilsame Ge-

genwart zurückführt (vergleiche Römer 8,16). Diese Heilung findet nicht nur punktuell statt, sie setzt sich unser ganzes Leben lang fort.

Genau zur rechten Zeit

Heilung ist eine Frage der Zeit, manchmal aber auch eine Frage der Gelegenheit.
Hippokrates

Nicks erster Einsatz als Therapiehund schien etwas verfrüht zu sein für einen so jungen Welpen, doch für einen älteren Herrn namens Tony kam er zur rechten Zeit. Denn dieser brauchte ganz dringend die Liebe, die der Golden Retriever zu verschenken hatte. Nick gehörte eigentlich Tonys Schwiegertochter Kris. Sie engagierte sich in der Arbeit mit Therapiehunden und Nick war ihr jüngster Kandidat. Weil er noch ein Welpe war, nahm sie ihn mit auf die weite Reise von Virginia nach New Jersey, wo ihr Schwiegervater wohnte. Sie wollte ihrem Schwiegervater beim Umzug in eine Einrichtung des betreuten Wohnens helfen, die in der Nähe ihres Wohnorts lag. Da es Tony in letzter Zeit gesundheitlich schlechter ging, schien dies ihr und ihrem Mann die beste Lösung zu sein. Doch am Tag des Umzugs war Tony von der Situation überfordert und wirkte sehr niedergeschlagen.

Da kam Nick ins Spiel. Im zarten Alter von vierzehn Wochen spürte er die Not des alten Mannes und schenkte ihm sein Herz. Obwohl Nick normalerweise ein quirliges kleines Fellknäuel war, kletterte er nun auf Tonys Bett, kuschelte sich an ihn und hielt mit ihm zusammen ein Nickerchen, während Kris Tonys Sachen zusammenpackte. Nick munterte Tony auch während der sechsstündigen Reise nach Virginia immer wieder auf und leistete seinem Freund am neuen Wohnort Gesellschaft. Denn Kris besuchte Tony zweimal pro Woche und Nick kam jedes Mal mit. Später zog Tony in eine andere Einrichtung um, wo es ihm besser gefiel, und schloss Freundschaft mit einem kleinen weißen Hund, der dort lebte. So konnte Kris ihren Hund allmählich wieder aus dieser Aufgabe herausnehmen. Doch über viele Wochen war Nick Tonys vierbeiniger Rettungsring gewesen.

Nicks Verhalten gegenüber Tony bestätigte nicht nur Kris' frühere Entscheidungen im Blick auf diesen Welpen, sondern wies auch darauf hin, was Gott in Zukunft mit dem Hund vorhatte. Kris hatte Malachi, einen ihrer Therapiehunde, aufgrund von schweren Hüftproblemen aus der Arbeit zurückziehen müssen. Anschließend versuchte sie, zwei ältere Welpen auszubilden, doch keiner von beiden erwies sich als geeignet.

Kris hatte schon fast alle ihre Optionen ausgeschöpft, als sie von dem Wurf erfuhr, zu dem auch Nick gehörte. Sie nahm mit der Züchterin Kontakt auf, und als diese von Kris' Arbeit hörte und sich vorstellte, dass einer ihrer Welpen Menschen in Not helfen könnte, war sie sehr bewegt. Sie setzte Kris auf den ersten Platz ihrer Warteliste. Als die Welpen alt genug waren, besuchte Kris sie und testete alle Hunde auf ihr Temperament hin. Nick war der Letzte, aber er stand bei ihr sofort an erster Stelle. „Ich wusste gleich, dass er der Richtige war", erzählte mir Kris.

Nick kam nicht nur für Tony zur rechten Zeit, sondern auch für einen intelligenten jungen Mann namens John-Mark. Kris begegnete John-Mark das erste Mal, als sie zweimal im Monat eine tiergestützte Therapie in einer Einrichtung für schwerbehinderte Menschen begann. Kris arbeitet normalerweise in der Kinderabteilung, und John-Mark befindet sich noch dort, obwohl er mit seinen einundzwanzig Jahren offiziell nicht mehr in dem entsprechenden Alter ist.

John-Mark hat eine Duchenne-Muskeldystrophie. Er kann Kopf und Hände bewegen, sein Körper ist jedoch durch den

Muskelschwund kaum mehr mobil. Er wird beatmet und kann sich mit einem elektrischen Rollstuhl fortbewegen.

Anfangs fanden John-Marks Therapiestunden mit Kris und ihrem erfahrenen älteren Hund Titus statt. Nick war nur dabei, weil es zu seiner Ausbildung gehörte. Doch Nick und John-Mark schlossen bald Freundschaft miteinander und es entwickelte sich eine wunderbare Beziehung. Nick fürchtete sich weder vor John-Marks Beatmungsgerät noch vor seinem Rollstuhl. Er wollte seinen neuen Freund vor allem mit Hundeküssen überschütten. Als Kris sah, wie Nick mit dem Schwanz wedelte und John-Mark vor Freude über den kleinen Welpen strahlte, kam ihr eine Idee. „Könntest du mir vielleicht bei Nicks Ausbildung helfen?", fragte sie John-Mark.

John-Mark ergriff die Gelegenheit und es lässt sich kaum sagen, wer mehr Freude an der Sache hatte – er selbst oder sein vierbeiniger Freund. Bei Nicks Ausbildung zu helfen ist für John-Mark eine sinnvolle Aufgabe, und Kris macht es Spaß, neue kreative Wege zu finden, damit er trotz seiner körperlichen Einschränkungen möglichst viel von dem Training selbst durchführen kann.

So hat Kris zum Beispiel John-Marks Rollstuhl so umfunktioniert, dass er für Titus einen Ball „werfen" kann. Sie brachte ein Tablett auf dem Rollstuhl an und befestigte eine Art Rampe daran, die vom Tablett zum Boden führt. Mithilfe eines Pfannenwenders kann John-Mark nun einen Ball die Rampe hinunterschubsen, den der Hund dann wieder holt. Der große Titus hob den Ball einfach auf und legte ihn wieder auf das Tablett.

Auch Nick lernte, den Ball zu holen, doch weil er kleiner war, kletterte er die Rampe hoch, um ihn zurückzubringen, und verteilte bei dieser Gelegenheit auch gleich einen Hundekuss. Kris verstärkte Nicks Lernprozess, indem sie ihn mit Leckerlis belohnte. Doch sie wünschte sich, dass John-Mark auch diesen Teil des Trainings übernehmen konnte, und fand die Antwort in Form eines automatischen Futterspenders. Nun kann John-Mark mit dem Daumen einen Knopf an der Fernbedienung betätigen und Nick auf diese Weise selbst belohnen.

Durch John-Mark hat Nick außerdem gelernt, Kleidungsstücke zu bringen. Kris nimmt einen Schuh oder eine Socke und legt sie irgendwo im Zimmer ab. Dann gibt John-Mark Nick das Kommando: „Bring!" Nick holt den Gegenstand, springt auf einen Stuhl neben dem Rollstuhl und lässt das Kleidungsstück auf John-Marks Tablett fallen.

Wenn John-Mark und Nick miteinander trainieren, geschieht jedoch noch viel mehr. Sie knüpfen eine Verbindung der Freude und des gegenseitigen Vertrauens. Durch Nick erfährt John-Mark bei jedem Beisammensein, dass er trotz seiner Behinderung etwas Gutes und Sinnvolles bewirken kann. Und für Nick wird es zu einem spaßigen und lohnenswerten Erlebnis, sich für jemanden viel Mühe zu geben, der diesen Einsatz braucht.

Junge Welpen sind eigentlich sowohl auf Handsignale als auch auf Worte angewiesen, wenn sie etwas lernen sollen. John-Mark kann keine Handsignale geben, aber Nick ist durchaus bereit, auch allein auf Worte zu hören. Er schaut John-Mark direkt an. Einmal war ein Handwerker im Zimmer und lenkte Nick ab, als John-Mark ihm gerade ein Kommando gab. Doch aufgrund der innigen und vertrauensvollen Beziehung zwischen den beiden richtete Nick seine Aufmerksamkeit sofort wieder auf John-Mark und gehorchte, nachdem Kris John-Mark gebeten hatte, das Kommando zu wiederholen.

Kris ist der Meinung, dass die Arbeit mit Nick sich positiv auf John-Mark auswirkt, und da ist sie nicht die Einzige. Auch John-Marks Therapeutin hat den Eindruck, dass es ihn emotional aufbaut: „Mir ist aufgefallen, dass er mehr spricht und mehr Selbstvertrauen gewonnen hat. Sein Selbstbewusstsein ist viel stärker als zu der Zeit, als ich ihn kennenlernte", sagt sie. John-Mark lächelt auch häufiger, wenn er mit Nick zusammen ist und ihn trainieren darf. Er sagt, er freue sich immer auf den Donnerstag, wenn Nick ihn besucht. Sogar an seiner Körpersprache kann man das erkennen. Wenn Nick da ist, ergreift John-Mark selbst die Initiative, um pünktlich zu den Treffen zu kommen. Seine Therapeutin hat außerdem bemerkt, dass John-

Marks Familie ganz stolz auf das ist, was er mit seinem geliebten Welpen erreicht hat.

Und dazu haben sie auch allen Grund. Kris erhielt zu ihrer größten Freude eine klare Bestätigung für den positiven Einfluss, den John-Mark auf den kleinen Hund ausübt. Sie besuchte nämlich mit Nick eine Konferenz für Menschen mit Behinderungen, wo der junge Hund seine Fähigkeiten einsetzen sollte. „Nick ging auf alle zu, ob groß oder klein, die in einem Rollstuhl hereinkamen", erzählte sie mir. „Eine Frau und ein junger Mann im Rollstuhl kamen gleichzeitig zur Tür herein. Die Frau rief Nick etwas zu, aber er beachtete sie überhaupt nicht. Stattdessen lief er zu dem Mann im Rollstuhl, obwohl der ihn nicht gerufen hatte. Ich glaube, durch John-Mark kann Nick eine Beziehung zu allen Menschen im Rollstuhl aufbauen. Es ist wirklich sehr bewegend, das zu beobachten. Er hat dem Hund auf diese Weise etwas Großartiges mitgegeben."

Vor Kurzem legte Nick eine Prüfung ab und ist jetzt offiziell ein Therapiehund; doch seine Ausbildung, vor allem sein Training mit John-Mark, geht weiter. Die beiden helfen einander und wachsen daran, und wer weiß, was ihre besondere Freundschaft noch an heilsamen Folgen nach sich zieht?

Als ich für diese Geschichte den Titel „Genau zur rechten Zeit" fand, hatte ich zunächst nur die menschliche Perspektive im Blick. Aus Gottes Sicht ist es noch ganz anders. Gott befindet sich außerhalb von Raum und Zeit und er steht souverän über allem, auch über Menschen, Welpen und Heilungen. Aus Gottes Perspektive trat Nick genau zu dem Zeitpunkt in das Leben von Tony und John-Mark, den Gott bestimmt hatte. Und Nick sollte dort Gottes Plan verwirklichen.

Bei diesem Thema fällt mir immer die Tochter von Jairus ein. Wie Jesus in ihr Leben trat, wird in Lukas 8,40-56 berichtet. Jairus war der Vorsteher der jüdischen Synagoge. Die Bibel erzählt uns, dass seine Tochter ungefähr zwölf Jahre alt war und im Sterben lag. Menschlich gesehen gab es keine Hilfe mehr für sie, aber ihr Vater glaubte fest, dass Jesus sein geliebtes Kind heilen könnte. Wenn Jesus sich nur beeilte, dann würde er noch rechtzeitig eintreffen. Jesus machte sich mit dem aufgeregten Vater auf den Weg. Doch dann wurde er von einer Frau angerührt, die seit zwölf Jahren unter Blutungen litt. Obwohl Jesus eine Mission hatte, bei der es um Leben und Tod ging, und obwohl ihn eine große Menschenmenge umgab, blieb er stehen und war entschlossen, diese Frau anzusprechen und ihr zu helfen.

Noch bevor er diese Aufgabe erfüllt hatte, kam die Nachricht, dass die Tochter von Jairus gestorben war. Menschlich gesehen hatte Jesus das wichtige Zeitfenster verpasst. Nun war alle Hoffnung verloren, oder? Nein, keineswegs! Jesus war souverän nicht nur im Blick auf die Krankheit, sondern auch auf den Tod, und sein Timing war für seine Zwecke genau das Richtige. Er ermutigte Jairus, ihm zu vertrauen, und ging weiter zum Haus des Mannes. Dort angekommen, nahm er nur einen kleinen Kreis von Menschen mit ins Krankenzimmer: die Eltern des Mädchens sowie Petrus, Jakobus und Johannes. Dann weckte er die Tochter von Jairus von den Toten auf.

Was bedeutet das nun für uns, die wir mit den Begrenzungen der Zeit leben müssen? Ich denke, wir müssen zwar in diesen Grenzen arbeiten, aber wir dürfen über sie hinausschauen. Wir sollten uns immer daran erinnern, dass Gott nicht an unsere irdischen Einschränkungen und Grenzen gebunden ist. Seine Heilung kommt auf die Art und Weise und in dem Zeitraum, wie wir es nicht erwarten (vergleiche Prediger 3,1). Dass Nick John-Mark und Tony auf so heilsame Weise anrührte, ist nur ein Beispiel dafür. Es war nicht Nicks Timing, sondern Gottes – und in der Ewigkeit wird es eine Heilung geben, die weit über alles hinausgeht, was wir uns in diesem Leben vorstellen können. Darum dürfen wir unser Vertrauen und unsere Hoffnung auf Gott setzen, so wie Jairus es tat.

Eine bedingungslose Liebe

Wie groß ist es, geliebt zu werden! Und wie viel größer noch zu lieben!

Victor Hugo

Gale nennt Annie ihren „Herzenshund". Die beiden waren eng miteinander verbunden, als ob sie die zwei Kammern eines Herzens wären. Annie hat auf Gale einen so heilsamen Einfluss wie kein anderes Lebewesen.

Als die beiden sich das erste Mal trafen, war es Annie, die in großer Not Hilfe brauchte. Sie war damals noch ein Welpe. Gales Sohn im Teenager-Alter arbeitete in einem Restaurant. Ein Kollege von ihm hatte den verängstigten Schäferhund-Mischling gefunden und bei sich aufgenommen. Nun aber musste er umziehen und den Hund für ein oder zwei Tage woanders unterbringen. Gale erklärte sich bereit, das Tier für diese Zeit zu nehmen.

Annie wurde in einem Kleinbus zu Gale gefahren. Sie versteckte sich unter dem Sitz und konnte nur aus dem Auto herausgeholt werden, indem man den Sitz ausbaute. Gale nahm das zitternde kleine Bündel auf den Arm – und wusste von dem Moment an, dass der Hund bei ihr bleiben sollte. Ihr Sohn fragte den Kollegen, ob Gale das Tier behalten dürfte, und der war damit einverstanden.

In der ersten Nacht lag Annie regungslos auf einem Handtuch unter dem Küchentisch. Aber als Gale sie zur Gartenarbeit mit nach draußen nahm, raste der kleine Hund wie verrückt im Hof herum. Seine Menschen mussten ihm ein Geschirr kaufen, weil er kein Halsband tragen wollte, sondern völlig ausflippte, in die Luft sprang und sich im Kreis drehte.

So begann eine Verbindung, die zehn Jahre dauern sollte. Gale bezeichnet die Beziehung zwischen ihr und Annie als eine tiefe, bedingungslose gegenseitige Liebe. Mit Annie erlebte

Gale, welche starke Zuneigung sie für ein anderes Lebewesen empfinden konnte. Ihr Umgang miteinander war durch eine außergewöhnliche Sanftheit geprägt – was Gale heute am meisten vermisst.

Für Annie war Gale ganz einfach ihre Welt. Gale hat keine Ahnung, welche Schrecken Annie als Welpe erlebt hatte. Gale war die einzige Person, der Annie völlig vertraute, und das blieb bis zum Ende ihres Lebens so, als sie schließlich auch Gales Mann die Pfote reichte.

Dass Annie Gale so sehr brauchte, war vielleicht der Grund dafür, warum sich in Gales Leben ein Wunder ereignete. Gale ist überzeugt davon, dass Gott ihr den Hund schickte, damit sie innere Heilung fand. Zu dem Zeitpunkt, als Annie auftauchte, hatte Gale schon jahrelang mit Depressionen zu kämpfen und musste Medikamente einnehmen. Doch die tiefe Beziehung zu ihrem Hund und dessen Liebe und Zärtlichkeit begannen sich heilsam auf Gale auszuwirken. Annie wurde zu Gales vertrauter Freundin. Gale streichelte sie, redete mit ihr und schenkte ihr Liebe.

„Gott hat viele Wege, um uns zu heilen", stellte Gale im Gespräch mit mir fest. „Durch Annie zeigte er mir ganz konkret seine Liebe und Zuwendung. Mein Hund verkörperte sozusagen Gottes bedingungslose Liebe." Gales Leben hat sich komplett verändert. Sie braucht seit fünf oder sechs Jahren keine Medikamente mehr und schreibt dies zumindest teilweise dem heilsamen Einfluss ihrer vierbeinigen Freundin zu.

Gott gebrauchte Annie, um Gale seine Liebe und Zuwendung vor Augen zu führen. So ermutigte er sie und schenkte ihr durch seine Liebe Flügel. Jesus erzählte das Gleichnis vom verlorenen Sohn (Lukas 15,11-32), um seinen Zuhörern damals im ersten Jahrhundert und auch uns heute die Liebe Gottes vor Augen zu führen.

Der verlorene Sohn liebte seinen Vater nicht so, wie Annie Gale liebte. Seine Welt drehte sich nicht um seinen Vater. Im Gegenteil: Er wollte sich nur sein Erbe auszahlen lassen und in die weite Welt hinausziehen. Sein Vater wusste schon im Vor-

aus, dass sein Sohn in Schwierigkeiten geraten würde, und doch gab er ihm schweren Herzens, was er verlangte.

Der Sohn traf schlechte Entscheidungen. Er verprasste sein ganzes Geld. Verarmt und hungernd strandete er in einem fremden Land. Doch dann fiel ihm ein, dass die Angestellten seines Vaters es doch viel besser hatten als er, und so beschloss er, nach Hause zurückzukehren und seinen Vater um einen Job zu bitten. Er wusste nicht, ob sein Vater sich darauf einlassen würde, aber er konnte ja immerhin fragen.

Der Sohn hatte keine Ahnung, wie tief sein Vater ihn liebte. Obwohl sein Sohn ihn abgelehnt und verlassen hatte, hielt der Vater beständig nach ihm Ausschau, er wartete und sehnte sich nach der Rückkehr seines Jungen. Und als er sein so lange vermisstes Kind eines Tages endlich kommen sah, zog er alle Register und bereitete ihm einen liebevollen Empfang, ja, er organisierte sogar eine Willkommens-Party!

Doch es gab in der Familie noch einen älteren Sohn, und der konnte das alles gar nicht begreifen. Er war beleidigt, denn er selbst war zu Hause geblieben und hatte immer seine Pflicht erfüllt, aber der Vater hatte um ihn nie so viel Aufhebens gemacht. An diesem Punkt hatte der ältere Sohn eher Heilung nötig als der jüngere. Er hatte das Wesen der väterlichen Liebe noch nicht verstanden. Denn er erkannte nicht, dass diese Liebe nicht von der Leistung der Kinder abhängig ist und auch nicht von ihrem Versagen. Ihm war gar nicht klar, dass auch er eine Party bekommen konnte. Er begriff nicht, dass der Vater auf sie beide wartete, um sie in seine Arme zu schließen, und dass er selbst nur zu ihm hinzulaufen brauchte, um von ihm in den Arm genommen zu werden.

Der Vater in dem Gleichnis ist ein Bild für Gott. Gott liebt uns mit einer so tiefen, zärtlichen und bedingungslosen Liebe, dass kein Mensch das in diesem Leben jemals ganz begreifen kann. Er ließ Gale durch ihren „Herzenshund" Annie ein wenig von dieser Liebe erfahren. Als Gale Annie in ihre Arme und in ihr Herz aufnahm, spiegelte sich darin wider, wie Gott sie selbst in seine Arme schloss (vergleiche Epheser 3,17-19).

Wenn Träume wahr werden

Wir alle müssen unser eigenes Leben verwirklichen, unseren eigenen Traum zusammenweben, und wir alle haben die Macht, Wünsche wahr werden zu lassen, solange wir nur daran glauben.

Louisa May Alcott

Er war ein guter und liebevoller Vater – und doch konnte er nichts gegen das Gefühl der Enttäuschung tun. Er hatte immer gehofft, dass er eines Tages mit seinen Kindern Baseball spielen könnte. Doch seine Tochter wurde mit einer Behinderung geboren, und so schien die Aussicht auf ein solches Spiel mit ihr ein nie zu verwirklichender Traum zu sein.

Der Vater ahnte nicht, dass Gott ihm seinen Traum erfüllen wollte, und zwar durch einen lieben Hund und einen Menschen – und durch ein Baseball-Shirt. Dieses Shirt trug der Vater nämlich, als er seine Tochter zur Betreuung in eine christliche Gemeinde brachte. Er selbst kam nicht aus der Gegend, sondern wollte nur an einer Konferenz, die in der Nähe stattfand, teilnehmen und nutzte dabei ein Angebot jener Gemeinde. Dort konnten nämlich Eltern ihre Kinder, die eine Behinderung hatten, an zwei Samstagen im Monat bringen. Die Kinder wurden von fachlich geschultem Personal betreut, während die Eltern sich eine dringend benötigte Pause gönnen durften.

Kris und ihr Therapiehund Titus, den wir im vorigen Kapitel kurz erwähnt haben, beschäftigten sich an jenem Tag mit den Kindern. Kris sah das Baseball-Shirt des Mannes und die beiden kamen ins Gespräch. Der Vater erzählte Kris, wie es ihm ging. Sie fragte ihn, ob er mit seiner Tochter schon einmal Ballwerfen gespielt hätte. Er verneinte.

Als der Mann gegangen war, fing Kris an nachzudenken. Titus, ihr Golden Retriever, war ein „Ballhund". Er liebte Ballspiele und sie nutzte diese Neigung gern, wenn sie mit Kindern

oder Erwachsenen in der Therapie arbeitete. Vielleicht konnte man auf diese Weise den Baseball-Traum des Vaters doch ein Stück weit wahr werden lassen. Kris hatte nur diesen einen Tag mit der Tochter des Baseball-Mannes, aber sie hatte ja Gott, den sie um Hilfe bitten konnte, und für ihn war nichts unmöglich.

Kris begann, indem sie sich vor das Mädchen hinstellte und den Ball zu Titus warf. Sie wiederholte diesen Vorgang immer wieder, während das Mädchen zusah. Schließlich reichte Kris ihr den Ball. Das Kind warf den Ball ungefähr in Richtung des Hundes. Kris ließ es sie viele Male wiederholen. So spielten die drei den ganzen Tag im Zimmer, und das Mädchen warf den Ball unermüdlich. Schließlich kam der Vater wieder.

„Ich habe aus Ihrer Tochter fast schon eine Baseball-Spielerin gemacht", lächelte Kris. Sie erklärte ihm, wie sie seine Tochter dazu gebracht hatte, dem Hund den Ball zuzuwerfen. „Stellen Sie sich neben Titus", forderte sie den Vater auf. „Wenn Ihre Tochter den Ball wirft, sage ich Titus, dass er ihn nicht fangen soll, und Sie fangen ihn auf."

Titus machte prima mit und blieb ruhig liegen, während der Vater den Ball fing. Dann bat Kris ihn, den Ball seiner Tochter zurückzugeben. Wieder stellte sich der Vater neben Titus. Doch dieses Mal legte sich Titus hinter den Mann und die Tochter warf den Ball dem Vater zu. Da liefen ihm die Tränen übers Gesicht.

Noch heute hat Kris einen Kloß im Hals, wenn sie sich an dieses Erlebnis erinnert. Sie sagt, dass Gott bestimmt seine Hand im Spiel hatte, als der Vater ihr von seinem Baseball-Traum erzählte. Und sie selbst durfte dabei mithelfen, dass er dieses kostbare Geschenk empfing. Gott gebrauchte Kris und Titus, um den Traum eines Vaters wahr werden zu lassen. Vielleicht nicht so, wie er es sich ursprünglich vorgestellt hatte, aber in einer Weise, die für sein wundes Herz heilsam war.

Mir kommt dabei noch ein anderer Vater in den Sinn, von dem die Bibel uns erzählt. Dieser wandte sich mit der flehenden Bitte an Jesus, er möge seinem Sohn helfen (Markus 9,14-29). Der Sohn war von einem bösen Geist besessen. Er konnte nicht sprechen, hatte Krämpfe, knirschte mit den Zähnen und bekam Schaum vor dem Mund. Der Vater hatte schon die Jünger von Jesus gebeten, den Jungen zu befreien, doch sie konnten es nicht. Welche Träume mag dieser Mann wohl gehabt haben, bevor sein Sohn geboren wurde? Und wie zerplatzten diese Träume und ließen den Mann enttäuscht und niedergeschlagen zurück!

Schon von klein auf litt der Junge unter dieser Situation. Und der Vater war mit seiner Weisheit am Ende. „Wenn es dir möglich ist, etwas zu tun, dann hab Erbarmen mit uns und hilf uns", flehte er Jesus an (Markus 9,22).

Der Mann hatte sicherlich von Jesus und seinen heilenden Kräften gehört. Nun träumte er davon, dass sein Sohn wieder gesund werden würde. Er hoffte, dass Jesus das tun konnte, doch irgendwie war es dennoch für ihn ein „unmöglicher Traum". Jesus sprach mit dem Mann darüber: „Wenn es dir möglich ist, sagst du? Für den, der glaubt, ist alles möglich." Da rief der Vater: „Ich glaube! Hilf mir heraus aus meinem Unglauben!" (Markus 9,23-24).

Daraufhin trieb Jesus den bösen Geist aus, heilte den Sohn und ließ den Traum des Vaters in Erfüllung gehen.

Was können wir aus den Geschichten der beiden Väter lernen? Ich denke, beide Situationen zeigen uns, dass Gott unsere Träume erfüllt und unsere Enttäuschungen heilt. Aber er tut das in jedem Leben auf andere Weise. Wir bekommen unsere Träume nicht immer so erfüllt, wie wir es uns vorgestellt haben. Aber alles, was Gott tut, trägt zu unserem Besten bei und verwirklicht seine Pläne, wenn wir unser Vertrauen auf ihn setzen (Römer 8,28).

Haben auch Sie einen „unmöglichen Traum", der Ihnen das Herz schwer macht vor Enttäuschung? Wir können auch so einen Traum vor Gott aussprechen. Gott bitten, dass er das alles heil macht und es so in Erfüllung gehen lässt, wie er es möchte (vergleiche Jesaja 49,23). Denn er weiß, was das Beste für uns ist. Wenn wir dem Gott vertrauen, der uns liebt und für uns sorgt, mehr als wir es uns vorstellen können, werden wir erleben, dass er handelt.

Ein Lichtblick

Einen einzigen Menschen zum Lächeln zu bringen kann die Welt verändern – vielleicht nicht die ganze Welt, aber zumindest seine.

Unbekannter Verfasser

Manchmal können in nur wenigen Augenblicken wunderbare Dinge geschehen. Das hat Chris mit seinen Therapiehunden immer wieder erfahren. So wie zum Beispiel an jenem Tag, an dem er mit Stormy, seinem Golden Retriever, in einer psychiatrischen Einrichtung eine ungewöhnliche Begegnung hatte. Die beiden kamen gerade aus einer Gruppenstunde, in der Stormy seine Hundeliebe weitergegeben und so den Patienten geholfen hatte. Da sah Chris eine kleine Frau mit einer Augenklappe den Flur entlanggehen. Als sie Stormy entdeckte, beugte sie sich immer tiefer und tiefer, während sie sich ihm näherte. Beim Hund angekommen, kniete sie auf dem Boden. Sie schlang ihre Arme um Stormys Hals und drückte ihn.

Das Klinikpersonal kam schnell dazu, in der Befürchtung, sie würde den Hund zu fest umarmen. Doch Chris merkte, dass sie ihm nicht wehtat, und so gab er dem Personal ein beruhigendes Zeichen und überreichte der Frau einen Anstecker mit dem Foto von Stormy darauf.

Damit hätte die Geschichte zu Ende sein können, das war sie aber nicht. Kurze Zeit nach dieser Begegnung wurde die Frau offenbar entlassen. Ein paar Tage später erzählte ein Mitarbeiter Chris, er habe die Dame in der Stadt getroffen; sie trug den Anstecker mit Stormys Bild ganz stolz, sodass jeder ihn sehen konnte.

Natürlich weiß Chris nicht ganz genau, welche Wirkung Stormy auf die Patientin sonst hatte, aber wie es scheint, war jene Begegnung auf dem Flur für sie ein echter Lichtblick. Und wenn man eine psychische Krise durchmacht und alles um einen herum dunkel aussieht, kann so ein kleiner Lichtblick eine heilsame Wirkung haben. Chris und seine drei Hunde Stormy, Daisy und Ty haben es sich zur Aufgabe gemacht, den Menschen ein wenig Hoffnung zu schenken, die es am meisten brauchen.

Die oben erwähnte psychiatrische Einrichtung ist ein solcher Ort, an dem sie ihre Mission erfüllen. Alle drei Hunde nehmen an Gruppenstunden mit Patienten teil, wobei jeder Hund seine einzigartige Persönlichkeit einbringt. Manche Patienten haben selbst zu Hause einen Hund oder hatten früher einen, und sie fühlen sich zu Chris und seinen Vierbeinern hingezogen, weil sie ihr Tier vermissen. Manche möchten nur eine kurze Begegnung und ziehen sich dann wieder zurück. Andere aber öffnen sich und fangen an zu erzählen, wie Hunde ihnen geholfen haben.

Einmal nahm Stormy gerade an einer solchen Gruppenstunde teil, doch statt wie sonst eine Runde zu machen und alle Patienten der Reihe nach zu begrüßen, konzentrierte er sich plötzlich auf eine einzige Person. Chris war sehr erstaunt, als er später erfuhr, dass der betreffende Patient an diesem Tag besonders deprimiert und aufgewühlt gewesen war. Stormy war also direkt zu dem Menschen gegangen, der ihn am meisten brauchte.

Für Chris ist es immer wieder ein schönes Erlebnis, wenn durch seinen einstündigen Besuch mit seinem Hund für manche Menschen der Tag ein bisschen heller wird. Einige Patienten fangen vor Freude direkt an zu weinen, wenn sie die Tiere erblicken. Für andere sind die Vierbeiner eine Hilfe dabei, sich still hinzusetzen und zuzuhören. Alle freuen sich auf diesen Besuch, und das Personal übergibt Chris oftmals Briefe und Karten von Angehörigen der Patienten, in denen diese schildern, welche positiven Auswirkungen seine Arbeit mit den Hunden hat.

Auch Chris' Ehefrau Joan arbeitet mit den Hunden und nimmt Daisy zu einer Wohngruppe von Alzheimer-Patienten mit. Eines Tages gingen Joan und Daisy auf eine Frau im Rollstuhl zu, die seit zwei Jahren kein Wort mehr gesprochen hatte.

Daisy legte den Kopf auf den Schoß der Frau, und da fing diese plötzlich an, von den Hunden zu erzählen, die sie gehabt hatte. Sie redete verständlich und schien auch genau zu wissen, was sie sagte. Das Ganze dauerte nicht lang, war aber trotzdem ein Lichtblick.

Die Golden Retriever sorgen auch bei Kindern für „goldene" Momente. Joan nahm Ty mit zu einer Gruppe von Kindern, die ein Schädel-Hirn-Trauma erlitten hatten. Zwei Mädchen wollten unbedingt einen Ball für Ty werfen, doch der Hund konzentrierte sich ganz auf einen Jungen, der sich für ihn zu interessieren schien. Als die Kinder schließlich den Ball warfen, fing Ty ihn mit dem Maul auf, lief um die Mädchen herum und legte den Ball auf den Schoß des Jungen. Der ließ den Ball zwar fallen, doch Ty und Joan wollten nicht so schnell aufgeben. Joan warf den Ball für den Jungen, und Ty brachte ihn immer wieder zurück. Als Ty den Ball schließlich dem Jungen vor die Füße legte, hob der ihn auf und warf ihn selbst dem Hund zu.

Ein anderes Mal wurde Chris mit seinem Hund von einem Heim für obdachlose Familien eingeladen. Er beschloss Stormy mitzunehmen. Als er sich der Eingangstür näherte, stürmten zehn oder zwölf Kinder heraus, blieben angesichts des Hundes dann aber rund fünfzehn Meter entfernt abrupt stehen und zogen sich wieder ins Haus zurück. Nachdem Chris das Haus betreten und sich angemeldet hatte, ließ er Stormy sich hinlegen, und die Kinder trauten sich allmählich etwas näher heran. Am Ende des Besuchs krabbelten sie alle um Stormy herum und kuschelten sich an ihn.

Solche heilsamen Augenblicke und deren positive Auswirkungen lassen mich an das denken, was Gott in einem einzigen Moment tun kann. Im ersten Korintherbrief schreibt Paulus, dass die Auferstehung unseres Leibes am Ende der Zeit so schnell geschehen wird. „Ich sage euch jetzt ein Geheimnis: Wir werden nicht alle sterben, aber bei uns allen wird es zu einer Verwandlung des Körpers kommen. In einem einzigen Augenblick wird das geschehen, und zwar dann, wenn vom Himmel her die Posaune zu hören ist, die das Ende der Zeit ankündigt.

Sobald die Posaune erklingt, werden die Toten auferweckt werden und einen unvergänglichen Körper bekommen, und auch bei uns, die wir dann noch am Leben sind, wird der Körper verwandelt werden. Denn was jetzt vergänglich ist, ist dazu bestimmt, das Kleid der Unvergänglichkeit anzuziehen; was jetzt sterblich ist, muss das Kleid der Unsterblichkeit anziehen" (1. Korinther 15,51-53).

In einem einzigen Augenblick kann ein Hund den Tag eines Menschen verändern. Und in einem einzigen Augenblick kann Gott uns für alle Ewigkeit verändern (siehe auch Matthäus 9,22). Am Ende zählt nur die Größe unseres Gottes, nicht die Größe des Zeitrahmens. Wir sollten nicht unterschätzen, welchen heilsamen Einfluss wir in einem kurzen Moment auf einen Menschen haben können und welchen ewigen Segen dies bringen kann.

Der Vorlesehund

Ein guter Zuhörer zu sein ist das beste Heilmittel gegen Einsamkeit, Geschwätzigkeit und Kehlkopfentzündung.
William Arthur Ward

Tye (nicht zu verwechseln mit Ty, von dem gerade die Rede war) ist ein Hund, der Kinder liebt und ihnen sowohl mit den Ohren als auch mit dem Herzen zuhört. Darum wirkt es sich auf manche Kinder erstaunlich heilsam aus, wenn sie diesem einfühlsamen Golden Retriever etwas vorlesen.

Ein Vorlesehund zu sein war nicht Tyes ursprüngliche Berufung. Eigentlich sollte er zum Assistenzhund für ein behindertes Kind ausgebildet werden. Die gemeinnützige Organisation für Assistenzhunde trainierte ihn und wollte ihn am Ende sei-

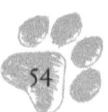

ner Ausbildung in eine passende Familie geben. Doch als er vierzehn Monate alt war, wurde bei ihm eine Hüftdysplasie festgestellt, und plötzlich war es nicht mehr sicher, ob er den Anforderungen einer solchen Aufgabe gewachsen sein würde. Also wurde Tye sozusagen zur Adoption freigegeben und fand mit fünfzehn Monaten ein neues, dauerhaftes Zuhause bei einer erwachsenen menschlichen Gefährtin namens Mare.

Als Mare sah, wie sehr Tye Kinder liebte und was für ein wunderbar ausgeglichenes Temperament er besaß, beschloss sie, diese Eigenschaften auch anderen zugutekommen zu lassen. Vielleicht sollte er ja nicht nur einem einzigen Kind Freude bereiten, sondern vielen. Sie ließ den Rüden zum Therapiehund ausbilden, prüfen und zertifizieren. Dann begannen die beiden ein gemeinsames Training zur Leseförderung von Kindern.

In einer bestimmten Bibliothek liegt für Tye eine Decke auf dem Boden. Dort setzen sich Kinder zu ihm und lesen ihm Geschichten vor. Er weiß genau, dass er jetzt im Dienst ist, und scheint es auch zu spüren, wenn jemand ihn besonders braucht. Dann legt er den Kopf auf den Schoß des Kindes. Er hat darüber hinaus eine ganz charmante Art, seine Pfote auf eine Buchseite zu legen.

Mare und Tye besuchen auch Schulen, wo Tye seine Zuhörerqualitäten ebenfalls einbringen kann. Kinder, die sich nicht trauen, vor anderen etwas vorzulesen, tun es bei dem Hund ohne Probleme. Ein kleiner Junge war anfangs nicht einmal in der Lage, sich zu Mare und Tye hinzusetzen. Er hatte in seinem jungen Leben schon einen Verlust und dadurch ein Trauma erlitten. Doch mit der Zeit taute er auf und brachte Mare immer ein Buch. Sie las es ihm vor und er folgte ihren Worten mit dem Finger auf der Buchseite. Währenddessen streichelte er Tye. Die Lehrerin dankte Mare und sagte: „Sie glauben gar nicht, was Sie für diesen Jungen getan haben. Er hat schon so große Fortschritte gemacht!"

Ein anderes Kind, ein kleines Mädchen, war verhaltensauffällig. Sie hatte ein Aufmerksamkeitsdefizit und schlug sich selbst. Eigentlich konnte sie ganz gut vorlesen, aber manchmal hatte sie einen schlechten Tag und weigerte sich. Dann wollte sie einfach nur Tye umarmen. Mare fragte sie nie nach ihren Problemen. Das Kind kuschelte sich dicht an den Hund heran und erzählte ihm, was los war. Danach fühlte das Mädchen sich besser, gab Tye einen Kuss und dankte ihm.

Auch rein pädagogisch gesehen bedeutet die Arbeit von Mare und Tye eine große Unterstützung. Zwei Lehrerinnen haben Mare bestätigt, dass ihre Schüler nun viel flüssiger lesen. Sie melden sich auch häufiger und nehmen intensiver am Unterricht teil. Die Lehrer sind überzeugt, dass diese gute Entwicklung auf die Vorlesezeit mit Tye zurückzuführen ist.

Auch zu Hause kümmert sich Tye liebevoll um Kinder. Ein kleines Mädchen aus Mares Verwandtschaft versteckt sich am liebsten hinter einem Stuhl, wenn es bockig ist. Dann stupst Tye sie so lange mit der Nase an, bis sie den Kopf hebt und lacht.

Doch Tyes Mitgefühl gilt nicht nur Kindern. Als Tye noch nicht einmal eine Woche bei Mare war, gab es ein heftiges Gewitter. Mare hatte damals noch einen älteren Golden Retriever, der sehr ängstlich war, besonders bei Unwettern. Tye legte sich auf eine Decke neben ihn, bis der neue große Hundebruder eingeschlafen war. Und kürzlich kam eine Verwandte zu Mare, die so heftige Zahnschmerzen hatte, dass sie weinend auf einen Stuhl sackte. Tye sprang auf den Stuhl neben sie und versuchte, die Tränen wegzulecken.

Tye rührt andere auf eine heilsame Weise an, indem er ihnen „zuhört" und sich ihnen liebevoll zuwendet. Aber er drängt sich nicht auf. Diejenigen, denen er geholfen hat, waren auch bereit, seine Hilfe anzunehmen.

Weitaus besser als Tye kennt Gott unsere Schmerzen und Probleme. Er wendet sich uns auf vielerlei Weise zu. Doch wir können uns entscheiden, ob wir sein Angebot der Heilung annehmen, und dazu gehört auch, dass wir *ihm zuhören.*

Die Bibel ist voller Beispiele und eines hat mich besonders fasziniert, nämlich die alttestamentliche Geschichte über einen Propheten namens Bileam. Balak, ein moabitischer König, der

den Israeliten nicht wohlgesonnen war, schickte Botschafter zu dem Propheten. Er sollte kommen, um Israel zu verfluchen. Gott aber warnte Bileam: „Geh nicht!" Doch als Balak seine Botschafter ein zweites Mal schickte und sein Angebot noch etwas schmackhafter machte, hörte Bileam lieber auf den König von Moab statt auf den König der Schöpfung. Da sagte Gott zu ihm: „Geh mit den Männern, die dich holen wollen! Aber tu nur das, was ich dir sage" (4. Mose 22,20). Bileam hörte nur, dass Gott sein Okay gab, er hatte ihm aber nicht gut genug zugehört, um zu merken, wie sehr ihm das Ganze missfiel.

Es brauchte einen Esel und den Engel des Herrn, um Bileam zur Umkehr zu bewegen. Die Stute konnte den Engel zweimal umgehen, bevor sie schließlich vor ihm zurückwich und sich auf den Weg legte, obwohl Bileam sie schlug. Dann aber verlieh ihr Gott die menschliche Sprache, sodass sie protestieren konnte: „Bin ich nicht deine Eselin, auf der du schon immer geritten bist? Habe ich jemals so etwas getan wie heute?" (4. Mose 22,30)

Da ließ Gott den Engel für Bileam sichtbar werden, und nun hörte der Prophet endlich zu, was der Engel ihm sagte. Er verstand, dass sein Handeln Gott missfiel und die Eselin ihm das Leben gerettet hatte.

Bileam überbrachte Balak drei Botschaften, in denen die Israeliten gesegnet wurden. Das war jedoch genau das Gegenteil von dem, was Balak wollte. Erbost befahl der heidnische König dem Propheten daraufhin, nach Hause zu gehen. Doch auch jetzt hörte Bileam auf Gott, nicht auf Balak, und weigerte sich. Er richtete noch vier weitere Botschaften aus, in denen er vor dem warnte, was Israel in Zukunft mit seinen Feinden machen würde.

Gott sprach zu Bileam durch einen Esel und durch den Engel des Herrn. Heute spricht er zu uns durch sein Wort und seinen Geist (siehe auch 2. Mose 15,26). Gott kennt und liebt seine Kinder viel mehr, als Tye es kann. Aber von Tye können wir lernen, wie man richtig zuhört, nicht nur mit den Ohren, sondern auch mit dem Herzen. Wenn wir das ausprobieren, können wir gespannt sein, welche Heilung Gott uns schenken mag.

Brückenbauer

Wunder stehen nicht im Widerspruch zur Natur, sondern nur im Widerspruch zu dem, was wir über die Natur wissen.

Augustinus

Wenn Gott alles geschaffen hat und alles weiß, wir Menschen aber nicht, dann sollte es uns nicht überraschen, wenn Dinge geschehen, die wir nicht verstehen. Darum war Ginny auch keineswegs überrascht von den Wundern, bei denen ihr Therapiehund Molly seine Pfote im Spiel hatte.

Einmal besuchte Ginny mit Molly, einem Golden Retriever, im Krankenhaus ein Mädchen, das nach einem Skiunfall seit drei Wochen im Koma lag. Ginny nahm die Hand des Mädchens und streichelte mit ihr den Hund, während sie mit der Jugendlichen sprach. „Das ist Molly. Sie ist ein Therapiehund", erzählte Ginny ihr. Zunächst gab es keine Reaktion. Doch eine halbe Stunde nachdem Ginny und ihr Hund gegangen waren, zitterten die Augenlider des Mädchens, sie fing an zu reden und bat darum, den Hund noch einmal sehen zu dürfen.

Das Krankenhaus nahm Kontakt zu Ginny auf. Als Ginny am nächsten Tag mit Molly wiederkam, war das Mädchen schon aus dem Bett aufgestanden. Sie war in der Lage, Molly allein zu streicheln und ein paar Worte zu sagen. Die Jugendliche wurde wieder ganz gesund und konnte sich daran erinnern, wie sie den Hund gestreichelt hatte, während sie noch im Koma lag.

Ein anderes Mal besuchten Ginny und Molly auf der Intensivstation eine Frau, die einen Motorradunfall gehabt hatte. Sie trug Verbände von Kopf bis Fuß wie eine lebende Mumie und hatte seit dem Unfall die Augen nicht mehr geöffnet. Ihre Mutter war bei ihr und half ihr, den Hund zu streicheln. Nur die Fingerspitzen schauten aus den Verbänden der Verletzten heraus. Die Mutter nahm die Hand ihrer Tochter und ließ deren Fingerspitzen über Mollys Fell gleiten, während sie erklärte,

Molly sei ein Therapiehund. Ginny und Molly besuchten die Patientin einen Monat lang jede Woche. Die ersten beiden Male schien es keine Reaktion von ihr zu geben. Ginny vermutet, dass sie starke Medikamente bekommen hatte. Doch schließlich fing die Frau an zu sprechen und sagte, sie erinnere sich daran, Molly bei den früheren Besuchen gestreichelt zu haben.

Molly konnte auch in der verhaltenstherapeutischen Abteilung einer nahe gelegenen Klinik eine helfende Pfote reichen. Es handelte sich dabei um eine geschlossene Einrichtung. Ginny besuchte häufig die Station, wo die Teenager untergebracht waren. Sie erinnert sich besonders an einen Jungen, der mit glasigem Blick an die Wand starrte. Als er Molly sah, kam er zu ihr, kniete sich hin und streichelte sie. Dann fing er sogar an zu lächeln. Der Therapeut sagte Ginny, das sei seit seiner Ankunft in der Klinik die erste Reaktion gewesen, die er gezeigt hatte.

Viele Teenies liebten Molly. Wenn sie den Hund sahen, kamen sie angelaufen und sagten Ginny immer wieder, wie glücklich sie über diesen Besuch waren.

Doch Mollys heilsame Ausstrahlung fand nicht nur bei den Teenagern ein Echo. Um zu deren Station zu gelangen, musste Ginny eine Erwachsenenstation durchqueren. Eines Tages kam ein junger Mann von Anfang zwanzig aus einem Zimmer gestürmt und fing Ginny ab. „Bitte kommen Sie doch herein und besuchen Sie meinen Mitbewohner hier", bat er sie inständig. Sein Zimmergenosse hatte zu Hause einen Hund und weinte, weil er ihn so sehr vermisste. Ginny ging mit Molly hinein und der Mann war begeistert. Molly sprang aufs Bett, wo man ein frisches Tuch für sie ausgebreitet hatte, und der schluchzende Mann schlang seine Arme um den Hund. Er sagte zu Ginny, wie dankbar er sei und dass sein Tag durch Mollys Besuch überhaupt erst erträglich geworden war. „Sie sind ein Engel, den der Himmel geschickt hat!", rief er.

Als ich über diese verschiedenen Begebenheiten nachdachte, entdeckte ich bei ihnen eine Gemeinsamkeit: In all diesen Fällen war ein Mensch, der Heilung brauchte, auf irgendeine Weise von denen getrennt, die ihm helfen wollten. Und es war ein Hund, der seine Pfote über den Abgrund streckte und so die Brücke baute.

In der Bibel gibt es eine Geschichte, in der auch jemand von den Menschen, die ihn liebten, getrennt war: der Sohn einer Frau aus Schunem. Hier war es der Prophet Elisa, der seine Hand über den Abgrund streckte und den Jungen vom Tod ins Leben zurückholte.

Die Geschichte steht in 2. Könige 4,8-37. Elisa reiste immer wieder in die Stadt Schunem und erhielt dort Unterstützung von einer reichen Frau. Sie hatte erkannt, dass er ein heiliger Mann war, und erwies ihm großzügig Gastfreundschaft. Sie bat sogar ihren Mann darum, im oberen Stockwerk des Hauses ein Zimmer für Elisa einzurichten, damit er eine Unterkunft hatte, sooft er in ihrer Gegend war.

Elisa fragte sich, was er für die Frau tun könnte, um ihr für ihre Hilfe zu danken. Sein Diener wies ihn darauf hin, dass die Frau keinen Sohn hatte und ihr Mann schon recht alt war. Die Frau konnte es kaum glauben, als Elisa ihr ankündigte, sie würde im darauffolgenden Jahr einen Sohn bekommen. Aber es geschah tatsächlich so, wie Elisa es gesagt hatte. Doch als das Kind ein paar Jahre alt war, ging es während der Erntezeit hinaus auf die Felder, bekam schreckliche Kopfschmerzen und starb kurz darauf zu Hause im Schoß seiner Mutter.

Die Mutter wollte den Tod ihres Sohnes nicht akzeptieren. Sie legte ihn auf das Bett in Elisas Zimmer, eilte zu Elisa und bat ihn um Hilfe. Ohne alle Einzelheiten zu kennen, lief Elisa zu dem Jungen, betete zu Gott und holte das Kind durch Gottes Kraft wieder ins Leben zurück.

Es ist wichtig, sich hier klarzumachen, dass Elisa den Jungen nicht aus eigener Kraft von den Toten auferweckte. Er betete und streckte seine Hand durch Gottes Kraft über den Abgrund des Todes. Die Bibel zeigt uns, dass alles Leben von Gott kommt. Gott schenkte Leben, als der Junge empfangen wurde, und ebenso, als er vom Tod auferweckt wurde.

Was für ein starkes Bild für die Heilung, die wir alle nötig haben! Wir brauchen Gott, damit er uns im Mutterleib Leben

schenkt, aber wir brauchen ihn auch, um uns vom geistlichen Tod der Sünde zu heilen. Das ist die höchste Form der Heilung und für Gott ist nichts unmöglich! Gottes Sohn, unser Messias Jesus, wurde durch seinen Tod am Kreuz zur Brücke über diesen Abgrund, und er wartet darauf, allen neues geistliches Leben zu schenken, die seine Vergebung durch den Glauben annehmen möchten (vergleiche Maleachi 3,20).

Überrascht uns das? Es ist schließlich ein Wunder. Und wie ein Hund namens Molly bewiesen hat, müssen wir Wunder nicht ganz und gar verstehen, um ein Teil von ihnen zu sein.

Weg mit den grünen Brillengläsern!

Trotz allem werde ich wieder aufstehen: Ich nehme meinen Stift in die Hand, den ich in meiner tiefen Entmutigung beiseitegelegt habe, und zeichne weiter.
Vincent van Gogh

Jennell hat bei der Wahl ihrer männlichen Freunde nicht immer die besten Entscheidungen getroffen, doch jetzt gibt es einen wirklich feinen Kerl in ihrem Leben, der ganz bestimmt für immer bei ihr bleiben wird. Er ist für sie so unverzichtbar wie die Sahne im Kaffee und die Glasur auf dem Donut; er ist das Licht am Ende ihres emotionalen Tunnels. Er sorgt für sie, so gut er es kann, und sie tut dasselbe für ihn. Sie lernte ihn kennen, als sie sich gerade von einer schlechten Beziehung erholte, und seither sind die beiden unzertrennlich. Doch wenn Sie jetzt schon die Hochzeitsglocken läuten hören, liegen Sie falsch. Bruno ist nämlich keiner zum Heiraten, denn dieser Goldjunge ist – ein Hund!

Bruno war ein Geschenk der Freude, das Gott Jennell an ei-

nem besonders schmerzhaften Punkt in ihrem Leben machte. Sie hatte gerade eine Beziehung hinter sich, die von Demütigung und emotionalem Missbrauch geprägt war. Das hinterließ schreckliche Gefühle bei ihr. In ihr nagte der Gedanke: „Wie konnte ich mich nur so tief auf diesen Mann einlassen?!"

Jennell war ganz unten angekommen. Sie wusste nicht, wie sie sich von der dunklen Wolke der Entmutigung befreien sollte, die ihre ganze Lebensperspektive verzerrte. Ihre Mutter fragte sie, was sie jetzt brauchte, und Jennell konnte darauf keine Antwort geben. Sie hatte keine Ahnung, was die Leere füllen könnte, die sie empfand. Doch die Mutter hatte eine Idee. Wie wäre es mit einem Hund?

Mit diesem Gedanken konnte Jennell sich anfreunden. Aber war es auch das, was Gott für sie wollte? Sie hatte ihn gebeten, ihr in ihrer Niedergeschlagenheit zu helfen. Nun betete sie: „Herr, ich möchte nicht bei einem Hund Zuflucht suchen, sondern bei dir." Sie bat Gott auch um Weisheit und die richtige Entscheidung, wenn das Ganze sein Wille war. Sie wollte nämlich nicht den erstbesten Hund nehmen, der ihr über den Weg lief.

Jennell fand Bruno durch eine Annonce. Und eigentlich sollte sie ihn zunächst gar nicht bekommen. Sie kam nämlich zu spät und aus dem Wurf von Boston-Terrier-Welpen waren nur noch zwei übrig. Der winzige Bruno war der Kleinste und schon vergeben. Auch wenn Jennell sich sofort in ihn verliebt hatte, war es zu spät, ihn mitzunehmen.

Oder vielleicht doch nicht? Während sie auf der Heimfahrt war und sich noch ärgerte, dass sie nicht rechtzeitig gekommen war, erhielt sie einen Anruf von der Züchterin. „Sie sagte, sie habe gesehen, wie sehr ich ihn mochte, und ich könnte zurückkommen und ihn holen", erzählte mir Jennell.

Der acht Wochen alte Bruno war zwar winzig klein, aber er war stark genug, um Jennells Welt aufzuhellen und ihre Perspektive zu verändern. „Sein Verhalten war genau das Gegenteil von meinem", erinnert sie sich. „Er war ganz einfach glücklich. Er hatte einen völlig anderen Blick für das Leben als ich." Bru-

nos Freude führte dazu, dass Jennell in sich ging und sich fragte, warum sie zugelassen hatte, dass eine gescheiterte Beziehung ihr Leben ruinierte. Sie merkte, dass der Teufel hinter all der Trübsal steckte, und beschloss, dem Feind nicht mehr das Feld zu überlassen.

Bruno half ihr dabei nur zu gerne. „Er war so warmherzig und liebevoll", sagt Jennell. „Er kam her zu mir, als wollte er mir sagen: Lass mich dich liebhaben!" Er konnte aber auch frech und wild sein. Wenn Jennell so tat, als ob sie schlafen würde, packte er den Zipfel der Bettdecke mit dem Maul und zog sie weg, damit Jennell aufstand und mit ihm spielte. Manchmal zerrte er auch an ihrem Shirt oder ihren Hosen, um sie auf die Beine zu bekommen. Jennell kam es so vor, als ob er sie auf diese Weise auch emotional aufrichtete.

Das gelang dem kleinen Kerl – vielleicht sogar ein wenig zu gut, aus seiner Sicht. Denn heute hat Jennell nicht mehr ganz so viel Zeit für ihn, weil sie gerade ihren Bachelor in Krankenpflege macht. Vorher ist sie Krankenschwester gewesen, nun geht sie einen Schritt weiter. Bruno ist immer noch ihr bester Hundefreund, und sie selbst hat persönlich erfahren, dass es stimmt, was in Psalm 146,5 steht: „Glücklich zu preisen ist, wer den Gott Jakobs zum Helfer hat, wer seine Hoffnung auf den Herrn, seinen Gott, setzt."

Gott gebrauchte einen kleinen Welpen, um Jennells Lebensperspektive zu heilen und ihre Niedergeschlagenheit in Freude zu verwandeln. Dass Gott uns innerlich aufrichten möchte, zeigt sich in vielen Begegnungen, die Jesus mit Menschen hatte. Auch bei der Begegnung des Auferstandenen mit zwei seiner Jünger, die sich auf dem Weg nach Emmaus befanden und tief traurig waren (Lukas 24,13-33). Sie erkannten Jesus nicht, als er sich ihnen näherte. Ebenso wenig hatten sie erkannt, welche Aufgabe Gott dem Messias zugedacht hatte, obwohl dies alles in der Heiligen Schrift beschrieben war. Sie waren enttäuscht, weil sie gehofft hatten, dass Jesus der verheißene Retter war, doch nun hatte man ihn gekreuzigt. Ja, klar hatten sie auch gehört, dass das Grab leer sei, aber diese Nachricht bedrückte sie nur noch mehr. Sie verstanden nicht, dass Jesus den Tod besiegt hatte, denn sie meinten, der Tod habe ihn besiegt.

Jesus rückte ihre Perspektive zurecht, indem er sie auf eine Reise quer durch die messianischen Prophezeiungen der Bibel mitnahm. Später, als er das Brot brach und es ihnen reichte, merkten sie endlich, wer er war. Gottes Wahrheit veränderte ihre Sicht auf das Geschehene, und so eilten sie nach Jerusalem zurück, um dies auch ihren Freunden mitzuteilen.

Eines meiner Lieblingsbilder zum Thema Perspektiven stammt aus dem Buch *Der Zauberer von Oz* von Frank Baum. Dorothy sucht bei einem Zauberer Hilfe, der die Smaragdstadt regiert – die so heißt, weil in ihr alles grün ist. Doch dann entdeckt Dorothy, dass alles nur eine Täuschung ist. Jeder, der die Stadt betritt, muss eine Brille aufsetzen; es sind also die Brillengläser, die grün sind, und nicht die Stadt selbst.

Die Entmutigung ist ein solches Paar von grünen Brillengläsern, die der Teufel uns aufsetzen will, um uns nach unten zu ziehen und uns zu lähmen. Gott gebrauchte einen kleinen Welpen, um Jennell diese grüne Brille abzunehmen, und er gebrauchte die Heilige Schrift, um den beiden Jüngern auf dem Weg nach Emmaus ihre „Brille" abzunehmen (vergleiche Josua 1,9). Er weiß auch, was nötig ist, damit wir diese Brille loswerden: wenn wir nur auf ihn sehen und seine Wahrheit annehmen, so wie die Jünger es taten.

TEIL II

EIN HUND HILFT MEHR ALS MANCHE MEDIZIN

Vor und nach Data

Hunde sind nicht unser ganzes Leben, aber sie machen unser Leben ganz.

Roger Caras

Addie ist ein Kind mit vielen gesundheitlichen Beeinträchtigungen, und die angenehmste Medizin, die sie verordnet bekommen hat, ist ein Hund namens Data. Der Goldendoodle – eine Kreuzung zwischen Golden Retriever und Pudel – war für sie und ihre Familie tatsächlich eine so goldene Wahl, dass Addies Mutter Sammy ihr Leben in eine Zeit „vor Data" und „nach Data" einteilt.

Das Leben „vor Data" glich manchmal dem Erklimmen einer steilen Felswand, an der die Füße nur an wenigen Stellen einen sicheren Halt finden – mit viel Abstand dazwischen. Als Baby hatte Addie schwere Verdauungsprobleme und zahlreiche Allergien. Bald schon wurde bei ihr eine seltene Lungenkrankheit festgestellt, für die es bisher keine Heilung gibt. Die Zilien oder Flimmerhärchen in ihrer Lunge funktionieren nicht richtig, was bedeutet, dass ihre Lunge Schleim und Fremdkörper nicht auf normale Weise hinausbefördern kann. Addie lebt mit dem ständigen Risiko von Lungen- und Ohrinfektionen. Sie braucht eine Mittelohrdrainage, bis sie dreizehn Jahre alt ist, muss täglich inhalieren und alle zwei Tage ein Antibiotikum einnehmen, um die Infektionsrate zu senken.

Außerdem leidet Addie unter einer Entwicklungsstörung einer ihrer Gehirnteile. Während der Zeit im Mutterleib wuchs ein Teil ihres Frontallappens einfach nicht weiter. Sammy weiß nicht genau, ob dies mit einem Autounfall zusammenhängt, den sie während der Schwangerschaft hatte, doch auf jeden Fall weiß sie, dass die Ärzte Addies Zustand für unheilbar halten. Erschwerend kommt noch dazu, dass bei Addie Autismus diagnostiziert wurde und sie immer wieder leichte Anfälle hat.

Was bedeutet das alles für dieses kleine Mädchen und ihre Angehörigen? Bis vor Kurzem bewegten sie sich ständig am Rand des Chaos. Addie kann ihre Impulse nicht kontrollieren, leidet unter zwanghaften Störungen und kann sich nicht an Grenzen halten. Sie ist unglaublich schnell, saust in Nullkommanichts hierhin und dorthin und versucht immer wieder wegzulaufen. Sammy wagte es nicht, Ausflüge mit Addie und ihrer älteren Schwester Audrey zu unternehmen, weil immer die Gefahr bestand, dass Addie verschwand. Sammy versuchte, diesen Berg von Herausforderungen zu bewältigen, indem sie sich ihren Humor bewahrte. Doch dann, als Addie noch nicht ganz vier Jahre alt war, teilte sich der Berg plötzlich vor ihnen und gab einen Weg frei. Die Hilfe kam in Gestalt einer Fellnase.

Sammys vierbeiniger Lebensretter stammte von einer Hilfsorganisation für Assistenzhunde, die solche Hunde ausbildet und vermittelt. Sammy hatte sich dort um einen Hund für Addie beworben. Die Mitarbeiter fanden in dem Goldendoodle-Rüden Data den passenden Begleiter für das kleine Mädchen. Zunächst mussten Sammy und Addie mit Data zusammen an einem zweiwöchigen Kurs in Ohio teilnehmen. Danach durfte Data mit ihnen nach Hause kommen – und veränderte ihre Welt.

Addies tägliche Inhalations-Behandlungen sind durch Data viel einfacher geworden. Als Baby kämpfte Addie dagegen an. Heute hängt ihre Reaktion von ihrer momentanen Verfassung ab. Data hilft, indem er sich ruhig neben sein kleines Mädchen hinlegt. Dann plaudert Addie mit ihm und tut so, als ob er die Behandlung von ihr bekommt, was ihr das Gefühl vermittelt, eine aktive Rolle bei dem Ganzen zu spielen.

Data ist auch so ausgebildet, dass er vor bevorstehenden Anfällen warnen kann. Sobald er spürt, dass ein Anfall kommt, fängt er an, Addie zu beschnüffeln und abzulecken. Wenn Sammy das nicht merkt, läuft er zu ihr und stupst sie an, bis sie reagiert. Addie nimmt zwar Medikamente ein, die Anfälle verhindern sollen, doch Sammy ist trotzdem froh, dass Data in der Lage ist, sie zu warnen, wenn es nötig werden sollte.

Data bringt noch zwei weitere hilfreiche Fähigkeiten mit: Zum einen kann er auf Addie aufpassen, zum anderen ist er in der Lage, ihre Fährte aufzuspüren. Das hat nicht nur Addie, sondern auch ihrer zwei Jahre älteren Schwester Audrey den Zugang in eine neue Welt eröffnet. Jetzt kann Sammy nämlich endlich ihre beiden Töchter zu Ausflügen mitnehmen, ohne Angst haben zu müssen, dass Addie verloren geht. Sammy befestigt das Ende eines Seils an Datas Assistenzhund-Kenndecke und das andere Ende an Addies Gürtel. Auf diese Weise kann Addie nicht einfach wegflitzen, wie sie es früher oft getan hat. So ist die kleine Familie zum ersten Mal zum Blaubeerenpflücken gegangen und hat ein Aquarium besucht. Zwar hat Addie manchmal Wutanfälle, aber dann ist sie immerhin durch das Band gesichert, und die Familie hält sich außer Haus auf, statt immer in den eigenen vier Wänden, was schon ein großer Fortschritt ist.

Sollte es Addie trotzdem einmal gelingen, wegzulaufen, könnte Data auch dann noch helfen. Die Organisation für Assistenzhunde hat ihm beigebracht, Addie aufzuspüren, und er

ADDIE, AUDREY UND DATA

ist richtig gut darin. Während des Trainings in Ohio sollte Addie mit Data Verstecken spielen, und Data hat klar bewiesen, dass er sie finden kann.

Data ist zwar Addies Hund, aber er wirkt sich auch auf Audrey sehr positiv aus. „Es ist nicht immer einfach, das gesunde Kind in der Familie zu sein", erklärte mir Sammy. „Für Audrey war es eine sehr schwierige Zeit, als wir zum Training mit Data in Ohio waren, und es war auch eine große Umstellung für sie, als wir den Hund mit nach Hause brachten."

Sammy gab Audrey das Gefühl, an dem Ganzen beteiligt zu sein, indem sie ihr die Aufgabe anvertraute, Data zu füttern, zu bürsten und ihm das Halsband anzulegen. „Sie legt sich oft zu Data und kuschelt mit ihm", erzählt Sammy. „Sie sucht ihn, streichelt und umarmt ihn, und das ist für sie ein großer Trost. Data ist für Audrey eine genauso große Hilfe wie für Addie."

Addie liebt es, Data Kommandos zu geben. Manchmal schaut der Hund dabei Sammy an, und man könnte fast meinen, er rollt genervt mit den Augen. Aber er verhält sich ganz fürsorglich Addie gegenüber und tut, was sie ihm sagt, wenn sie ihn zu sich ruft und ihm befiehlt, sich zu setzen, zu bellen, sich hin und her zu rollen und sie mit der Pfote abzuklatschen. Addie belohnt ihn mit den Leckerlis, die sie in einem kleinen Täschchen bei sich hat.

Data wirkt beruhigend auf Addie. Wenn Sammy das Zimmer betritt, liegt Addie manchmal auf dem Boden und der Hund neben ihr. Sie schaut fern und streichelt nebenbei ihren allerliebsten Freund. Data greift auch ein, wenn sie einen ihrer Wutanfälle hat, die gelegentlich sehr heftig sein können. Das tut er, indem er sich an sie anschmiegt, aber da Addie Kuscheln nicht so gern mag, hat Data auch gelernt zu bellen. Anscheinend führt das zu einer raschen Verhaltensänderung, zu einer Art System-Neustart. Addie ist dann so überrascht, dass sie aus ihrem Wutausbruch wieder herausfindet. „Selbst wenn es nur dazu führt, dass sie irgendetwas anderes anfängt, ist das auch schon gut", sagt Sammy.

Data hat einen so heilsamen Einfluss auf Addie und ihre Fa-

milie, dass es für die drei wohl keine bessere Medizin gibt. Und darum muss man sie auch gar nicht erst auffordern, diese Medizin „einzunehmen". Doch wenn es um die „Rezepte" geht, die Gott uns verordnet, dann sind wir Menschen nicht immer so schnell bereit, sie einzulösen oder die Arznei nach Vorschrift anzuwenden.

Dafür fallen mir zwei Beispiele aus der Bibel ein. Das erste steht in 2. Könige 5, und dabei geht es um einen Mann, der an Aussatz erkrankt war. Er hieß Naaman und war der Oberbefehlshaber der syrischen Armee. Seine Frau hatte eine jüdische Sklavin, die sie drängte, ihren Mann zu einem Propheten nach Israel zu schicken, der ihn heilen konnte. Dieser Prophet war Elisa.

Als Naaman schließlich vor Elisas Tür stand, schickte der Prophet einen Diener, der Naaman sozusagen das Rezept für seine Heilung geben sollte: „Geh an den Jordan und tauch siebenmal im Wasser unter! Dann wird dein Aussatz verschwinden und du wirst gesund sein" (2. Könige 5,10). Doch statt vor Freude außer sich zu sein, stürmte Naaman zornig davon. Wie konnte es angehen, dass Elisa nicht persönlich zu ihm kam, seinen Gott anrief und Naaman auf der Stelle heilte? Und seit wann hatte der Jordan eine größere Heilkraft als die Flüsse in Naamans Heimatstadt Damaskus?

Doch zum Glück für Naaman waren seine Diener weiser als er. Sie überredeten ihn, dem Rat des Dieners zu folgen, statt ihn zu verachten. Und als Naaman das tat, wurde er tatsächlich geheilt, so wie Elisa es versprochen hatte. Naaman lobte die Größe des Gottes Israels, und das war ja genau das, was Elisa wollte. Als Naaman dem Propheten Geld anbot, nahm dieser keinen Cent davon.

Die zweite Medizin, die bei dem, für den sie bestimmt war, auf wenig Begeisterung stieß, wurde von Jesus verordnet. Und zwar einem einflussreichen jungen Mann, der ihn fragte, was er tun müsse, um das ewige Leben zu bekommen. Jesus zählte mehrere der Zehn Gebote auf, und der junge Mann versicherte, er habe sie alle gehalten. Jesus aber erkannte das grundlegende Problem des Mannes und sagte zu ihm: „Wenn du vollkommen sein willst, geh, verkaufe alles, was du hast, und gib den Erlös den Armen, und du wirst einen Schatz im Himmel haben. Und dann komm und folge mir nach" (Matthäus 19,21). Der junge Mann „ging traurig weg, denn er hatte ein großes Vermögen" (Vers 22).

Das Problem bestand darin, dass der Mann sich nicht an das erste Gebot hielt, Gott von ganzem Herzen zu lieben, mit ganzer Hingabe, mit aller Kraft und mit seinem ganzen Verstand. Er liebte seine Reichtümer mehr und war nicht bereit, sie aufzugeben. Zumindest wies das „Rezept", das Jesus dem Mann verordnete, ihn auf seine Krankheit hin. Und uns weist es darauf hin, dass alle Dinge oder Personen, die sich bei uns an die erste Stelle vor Gott schieben, unsere geistliche Gesundheit beeinträchtigen.

Addie und ihre Familie, Naaman und der reiche junge Mann – sie alle brauchten ein Rezept, das ihr Leben verändern würde. Alle außer dem jungen Reichen nahmen die angebotene Hilfe an. Die Bibel ist voller guter Rezepte, die uns verändern, uns Gesundheit und Leben schenken (etwa wie in Sprüche 3,7-8). Ist darunter vielleicht auch eines, das Sie brauchen?

Treue Begleiter

Es ist ganz gleich, wie langsam du gehst, solange du nicht stehen bleibst.
Konfuzius

Als Susan den schweren Weg durch ihre Krebserkrankung hindurch antreten musste, ahnte sie noch nicht, welche Schlüsselrolle ihren geliebten Hunden dabei zukommen würde. Lilly und

Ruby taten einfach nur das, was jeder treue, liebevolle Hund tun würde – sie blieben eng an der Seite ihres leidenden Menschen und stärkten Susan dadurch den Mut, nicht aufzugeben.

Ruby ist eine Bearded-Collie-Hündin, die als Welpe im Alter von zwölf Wochen zu Susan kam. Als sie zwei Jahre alt wurde, erhielt sie Gesellschaft von der ebenfalls zweijährigen Lilly, einem anderen Collie. Susans vier Kinder hatten sich schon immer Hunde gewünscht, aber schließlich war es doch sie als Mutter, die sich in erster Linie um die Tiere kümmerte. Ihr Mann dagegen liebte eher Katzen.

Im Dezember 2013 wurde bei Susan Brustkrebs im zweiten Stadium festgestellt. Ihre Kinder waren damals zwischen zehn und zwanzig Jahre alt. Es war ein riesiger Schock. Der Tumor wurde untersucht und es stellte sich heraus, dass es einer war, der schnell Metastasen streute. Darum rieten die Ärzte Susan im Januar zur Entfernung beider Brüste und zu einer anschließenden Chemotherapie. Für die ersten Tage nach der Operation hatte Susan einen Hundesitter engagiert, doch schon bald nahmen Ruby und Lilly die Sache selbst in die Hand. Sie drehten den Spieß um und kümmerten sich fortan in ihrer typischen, unnachahmlichen Weise um Susan.

„Die Chemotherapie hinterließ bei mir das Gefühl, als ob jemand Blei in meinen Körper gegossen hätte", schilderte mir Susan ihre Gefühle. „Ich hatte keinen Funken Energie mehr in mir." Ihre Hunde merkten, dass etwas mit ihr nicht stimmte, und wichen ihr nicht von der Seite. Sie folgten Susan überallhin und hefteten sich wie Magnete an ihre Fersen. Wenn Susan auf der Couch lag, legte Lilly den Kopf auf das Sofa und schaute sie an. Ruby schlief sonst nachts immer am Fußende von Susans Bett; nun zog sie ans Kopfende um.

Susan ist ihren Hunden dankbar, dass sie ihr geholfen haben, wieder auf die Beine zu kommen und sich zu bewegen, obwohl sie selbst viel lieber vor sich hinvegetiert hätte. „Ich wäre sicherlich nicht so früh wieder aufgestanden", erzählte sie mir. Aber die Hunde waren lange Spaziergänge gewohnt aus der Zeit, als Susan noch gesund war, und Susan fühlte sich verpflichtet, die

Tiere weiterhin auszuführen, denn sie waren ja von ihr abhängig. Als Krankenschwester wusste sie außerdem, dass sie immer schwächer werden würde, je länger sie liegen blieb. Inaktivität konnte zu einer Ansammlung von Flüssigkeit und Schleim in den Lungen führen. Das Risiko von Blutgerinnseln und einer Lungenentzündung war höher, wenn sie nur herumlag. Aber dieses Wissen allein hätte nicht ausgereicht, um sie wieder auf die Beine zu bringen.

„Man fühlt sich so elend, dass man am liebsten aufgeben möchte. Es ist einem alles egal", erinnert sie sich. Doch sie machte sich Gedanken um Ruby und Lilly, und die beiden machten sich Gedanken um sie. Manche Patienten brauchen in einer solchen Situation Schlaftabletten und Antidepressiva. Doch Susan nicht. Ihre beiden vierbeinigen „Menschensitter" sorgten dafür, dass sie eine Aufgabe hatte und glücklich war. Sie gaben ihr emotional Auftrieb und einen Grund, morgens aus dem Bett aufzustehen. Und das erreichten sie allein durch Blickkontakt. Susans Familie musste zur Schule und zur Arbeit, aber die Hunde waren immer bei ihr und so fühlte sie sich nie allein. Ihre beiden kuscheligen Freunde leisteten ihr die dringend benötigte Gesellschaft und waren außerdem eine lebendige Alarmanlage, denn sie bellten, sobald sich jemand dem Haus näherte.

Es war damals ein bitterkalter Winter in Wisconsin, wo Susan lebt, und die Leute gingen nicht viel nach draußen. Doch die Hunde sorgten dafür, dass Susan ein wenig an die frische Luft kam. Sie passten ihre Geschwindigkeit der ihren an. Sie liefen langsamer und ließen Susan Zeit, ihre Kräfte allmählich wieder aufzubauen. Zuerst ging sie mit den Hunden nur einen halben Block weit, dann einen ganzen; und später, als sie wieder mehr Kraft hatte und es wärmer wurde, umrundete sie das ganze Viertel mit den beiden. Susan fühlte sich allmählich besser und die Beziehung zu ihren treuen Vierbeinern vertiefte sich dadurch.

Susans letzte Chemotherapie fand am 24. Juni 2014 statt. Sie hatte seither noch zwei weitere gesundheitliche Einbrüche, aber

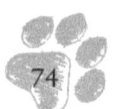

auch diese hat sie überwunden. Inzwischen kann sie wieder dreimal am Tag mit ihren Hunden spazieren gehen, und sowohl sie selbst als auch die beiden Tiere konnten so ihre Kondition verbessern. Heute ist Susan frei von Krebs, und die Chance, dass es so bleibt, liegt bei 85 Prozent. Sie selbst sagt, der Krebs habe sie zum Guten verändert. Sie ist geduldiger geworden. Das eigene Aussehen und der Besitz sind für sie jetzt weniger wichtig, und ihre Freundschaften, die ihr immer schon kostbar waren, sowohl zu Menschen als auch zu ihren Hunden, bedeuten ihr heute mehr denn je. Sie ist Ruby und Lilly für immer dankbar, dass sie so kräftig zu ihrer Heilung beigetragen haben, und weiß es sehr zu schätzen, dass sie die beiden auch in Zukunft an ihrer Seite haben wird.

Wenn ich daran denke, wie Susans Hunde sie während einer schweren Zeit in ihrem Leben treu begleitet haben, erinnert mich das daran, dass Gott dies auch für uns tun möchte. Manchmal gebraucht er Menschen, manchmal Hunde, manchmal spricht er direkt durch seinen Geist zu uns, um uns seine Nähe zu zeigen. Etwa in einem berühmten Text in der Bibel, Psalm 23: „Der Herr ist mein Hirte, darum leide ich keinen Mangel. Er bringt mich auf Weideplätze mit saftigem Gras und führt mich zu Wasserstellen, an denen ich ausruhen kann. Er stärkt und erfrischt meine Seele. Er führt mich auf rechten Wegen und verbürgt sich dafür mit seinem Namen. Selbst wenn ich durch ein finsteres Tal gehen muss, wo Todesschatten mich umgeben, fürchte ich mich vor keinem Unglück, denn du, Herr, bist bei mir! Dein Stock und dein Hirtenstab geben mir Trost. Du lädst mich ein und deckst mir den Tisch selbst vor den Augen meiner Feinde. Du salbst mein Haupt mit Öl, um mich zu ehren, und füllst meinen Becher bis zum Überfließen. Nur Güte und Gnade werden mich umgeben alle Tage meines Lebens, und ich werde wohnen im Haus des Herrn für alle Zeit."

Susans Hunde blieben dicht bei ihrem Menschen. Gott ist nicht nur bei uns, er erfüllt uns sogar mit seinem Heiligen Geist, wenn wir ihm unser Leben anvertrauen. Susans Hunde gaben ihr die Kraft, ihre körperliche und seelische Gesundheit wiederzuerlangen. Gott gibt uns die Kraft zu einem geistlich gesunden Leben (vergleiche Psalm 56,14). Susans Hunde begleiteten sie durch eine unangenehme Behandlung. Gott verspricht uns, dass er uns sogar durch den Tod hindurchgeleitet.

Ich habe mir einmal angeschaut, was der berühmte Ausleger Charles H. Spurgeon zu Psalm 23 geschrieben hat. Zwei seiner Beobachtungen zu Vers 4 haben mich besonders angesprochen. „Selbst wenn ich durch ein finsteres Tal gehen muss, wo Todesschatten mich umgeben, fürchte ich mich vor keinem Unglück", so heißt es ja dort. Spurgeon sagt dazu, dass für uns, die wir unser Vertrauen auf Jesus setzen, der körperliche Tod nur ein Schatten ist, und ein Schatten kann uns keinen Schaden zufügen. Und mehr noch: Wir bleiben nicht in diesem Tal der Todesschatten, sondern wir gehen *hindurch* in eine wunderbare Ewigkeit mit Gott. Gibt es eine bessere Zukunft, auf die wir zugehen können?

Sherlock Holmes mit Fellnase

Lasst die jungen Ärzte wissen, dass sie kein interessanteres und lehrreicheres Buch finden werden als den Patienten selbst.
Giorgio Baglivi

Kiki ist eine Assistenzhündin, die darauf trainiert ist, ihre Menschen vor epileptischen Anfällen zu warnen. Dabei hat sie alle an sie gestellten Erwartungen bei Weitem übertroffen. Sie ist also so eine Art Sherlock Holmes in Hundegestalt, ein medizinisches „Frühwarnsystem", und zwar nicht nur für Savanna – die Person, die ihr in besonderem Maße anvertraut ist –, sondern auch für deren ganze Familie.

Savannas Mutter Stephanie wird niemals jenen Tag vergessen, an dem Savanna ihren ersten Anfall hatte. Sie war damals erst zwei Monate alt. Savannas Vater J. D. arbeitete beim Militär und wurde noch vor ihrer Geburt in den Irak entsandt. Seine Frau war also mit dem Baby und dem älteren Sohn Jake allein zu Hause. Einmal ging sie an der Tür zum Kinderzimmer ihrer Tochter vorbei, als sie plötzlich ein mulmiges Gefühl hatte. Sie eilte hinein zu ihrem Baby und sah, wie das Kind mit offenen Augen dalag und nicht atmete.

Savanna überlebte und es stellte sich heraus, dass es ein schwerer epileptischer Anfall gewesen war. Nun musste sie Medikamente bekommen. Stephanie konnte nachts kaum noch schlafen und mochte ihr Kind gar nicht mehr aus den Augen lassen. Sie weiß nicht, was sie gemacht hätte, wenn ihre eigene Mutter sie nicht so gut unterstützt hätte. Glücklicherweise kam ihr Mann wieder nach Hause, als Savanna fünf Monate alt war, und es sah so aus, als ob die Medikamente gut wirkten.

Nachdem anscheinend zwei Jahre lang kein Anfall mehr aufgetreten war, wollte der Arzt die Medikamente langsam absetzen. Er sagte zu Stephanie, wenn ihre Tochter weitere zwei Jahre keinen Anfall mehr bekäme, sei das Risiko eines Rückfalls gering. Es vergingen eineinhalb Jahre und dann kamen die Anfälle wieder.

„Und zwar mit voller Wucht", erzählte mir Stephanie. In der schlimmsten Zeit hatte Savanna drei Anfälle pro Tag. Sie waren nicht alle gleich schwer, aber es war trotzdem eine harte, furchterregende Zeit. Stephanie erinnerte sich daran, dass sie vor Jahren einmal von Hunden gehört hatte, die darauf trainiert waren, Kindern wie Savanna zu helfen. Sie forschte nach und bewarb sich bei mehreren Organisationen um einen Assistenzhund. Schließlich bekam sie von der bereits erwähnten Organisation für Assistenzhunde eine Zusage.

Diese Organisation arbeitet auf Spendenbasis. Daher werden die Familien der Kinder gebeten, eine bestimmte Summe an Spenden einzuwerben, damit sie dann kostenlos einen Assistenzhund bekommen können. Das tat Stephanie und erhielt ganz unerwartet Unterstützung: Sie hatte Savannas Geschichte auf der Internetseite der Organisation veröffentlicht. Daraufhin meldete sich ein unbekannter Spender, dessen Kind auch Epilepsie hatte und der gerne der Familie eines Kriegsveteranen etwas Gutes tun wollte. Er gab das, was an Geldern noch fehlte, um das Spendenziel zu erreichen.

Kiki ist ein hübscher sandfarbener Labrador. Sie ist für ihre Familie zu einem großen Segen geworden, manchmal auf ganz unerwartete Weise. Die Hündin tut alles, wofür sie ausgebildet ist, und manches mehr. Sie hört auf die Grundkommandos und hat gelernt, Türen zu öffnen und Savanna dabei zu helfen, das Gleichgewicht zu halten. Das ist deshalb besonders wichtig, weil sowohl die Anfälle als auch die dagegen eingesetzten Medikamente zu Schwindelgefühlen führen. Manche Arzneien haben auch negative emotionale Nebenwirkungen. Darum hat Kiki außerdem gelernt, wie sie ein unangemessenes Verhalten des Patienten unterbrechen kann. Auf Kommando berührt sie Savanna sanft und beruhigt sie so, wenn sie einen Wutanfall hat.

Doch Kikis wichtigste Aufgabe besteht darin, die Familie zu warnen, wenn ein epileptischer Anfall bevorsteht. Dann leckt sie intensiv Savannas Ohren, Nase, Mund und vor allem die Handflächen und Füße. Sie versucht auch, die Eltern darauf aufmerksam zu machen. Wenn Kiki zu lecken anfängt, kichert Savanna und denkt, es sei alles nur Spaß. Doch die Erwachsenen wissen, was das bedeutet, und können dann Vorsichtsmaßnahmen treffen, damit Savanna sich bei dem Anfall nicht verletzt.

Meistens warnt Kiki etwa drei Stunden vor einem Anfall. Sie weckt Savannas Eltern auch nachts und macht sie auf Anfälle aufmerksam, die die Eltern sonst wahrscheinlich gar nicht bemerkt hätten.

Dank dieses geliebten medizinischen Detektivs auf vier Pfoten konnte Savannas Neurologe ihre Medikamente besser anpassen. Die Anfälle sind folglich deutlich zurückgegangen. „Wir hätten über Jahre wahrscheinlich gar nicht bemerkt, was

wirklich los war. Kiki hat uns hier also enorm geholfen", sagt Stephanie.

Kiki liebt ihr kleines Mädchen tief und innig und passt auf sie auf wie ein Kindermädchen. „Dauernd schaut sie nach, wo Savanna ist. Sie ist ihr ständig auf den Fersen", lächelt Stephanie. Aber dieser wunderbare Hund kümmert sich nicht nur um Savanna, sondern auch um den Rest der Familie.

Eines Tages klagte Savannas neunjähriger Bruder Jake über Schmerzen. Seine Mutter erkannte nicht gleich, wie ernst es war. Doch Kiki machte es ihr klar, indem sie Jake die ganze Zeit ableckte und Stephanie immer wieder anstupste, um sie zu warnen. Innerhalb von einer halben Stunde machte Stephanie sich mit Jake auf den Weg zur Notfallambulanz. Es stellte sich heraus, dass er Nierensteine hatte.

Doch nicht nur die Kinder liegen Kiki sehr am Herzen. Eines Abends löste sie wegen Papa J. D. einen „Frühalarm" aus. Später in der Nacht kam J. D. mit Brustschmerzen ins Krankenhaus, und dort stellte sich heraus, dass er eine Herzkrankheit hatte, die sich noch im Frühstadium befand.

Doch den dramatischsten Alarm löste Kiki wegen Stephanie aus. Stephanie arbeitet mit der Schule zusammen, damit Savanna den regulären Unterricht besuchen kann. Kiki ist auch dabei, um vor eventuellen Anfällen zu warnen. Und da Kiki einen erwachsenen Hundeführer braucht, muss Stephanie zusammen mit ihrer Tochter und dem Hund zur Schule gehen. Als Kiki eines Tages begann, Stephanies Hände und den Bauch zu lecken, machte Stephanie sich zunächst keine weiteren Gedanken darüber. Sie vermutete, dass Kiki sie vielleicht zu sehr ins Herz geschlossen hatte, weil sie so viel Zeit miteinander verbrachten. Doch zwei Wochen später wurde Stephanie eines Besseren belehrt, denn sie kam mit Atemnot und schweren Schmerzen im Brustkorb ins Krankenhaus. Die Ärzte fanden Blutgerinnsel in beiden Lungenflügeln. Stephanie leidet unter einer erblichen Blutkrankheit und muss deshalb blutverdünnende Mittel einnehmen, die aber offensichtlich nicht wirkten. Die Ärzte vermuteten, dass die Blutgerinnsel aus dem Becken stammten, wodurch sich erklärte, warum Kiki Stephanies Bauch abgeleckt hatte.

Wie man sich denken kann, nimmt Kikis Familie ihre Warnungen inzwischen immer ernst. Und sie lieben ihren Hund über alles. Früher hatten sie keinen Hund, aber nun können sie sich ein Leben ohne einen solchen Vierbeiner nicht mehr vorstellen. Kiki hat sogar die Zuneigung von Stephanies Mutter gewonnen, die eigentlich kein Hundemensch ist. „Wir haben ein großes Gefühl des Zusammenhalts in unserer Familie", sagt Stephanie. „Kiki hat unser Leben enorm verbessert. Sie hat diesen Blick, als ob sie mir sagen will, dass schon alles gut werden wird. Ich fühle mich sicherer, weil ich weiß, dass sie ihren Job macht."

Kiki gehört inzwischen auch schon fest zu Stephanies Gemeinde. „Alle lieben Kiki. Sie legt sich unter die Kirchenbank und schläft. Manchmal geht sie zu unserem Pastor, legt sich auf seine Füße und rührt sich nicht vom Fleck, bis er sie streichelt. Sie gehört untrennbar zu jedem Bereich unseres Lebens."

Wenn ich Kiki und ihre erstaunlichen „Diagnosen" betrachte, wandern meine Gedanken unweigerlich zu der viel tieferen diagnostischen Weisheit unseres großen Arztes im Himmel. Gott kennt uns durch und durch, unseren Körper und auch unsere Seele. Er weiß um unsere Krankheiten und um das, was die größte Aufmerksamkeit erfordert. Dafür gibt es in der Bibel viele Beispiele, doch eines passt zu unserem Thema besonders gut, nämlich die Geschichte von der Heilung des Gelähmten in Lukas 5,17-26.

Jesus befand sich gerade in Kapernaum. Eine riesige Menschenmenge hatte sich vor dem Haus versammelt, in dem er predigte. Darunter waren vier Männer, die eine besondere Mission hatten: Sie hatten ihren gelähmten Freund mitgebracht, damit er von Jesus geheilt würde. Wegen der Menschenmenge konnten sie mit ihm nicht zu Jesus gelangen, doch sie gaben nicht auf. Sie kletterten mit ihrem Freund aufs Dach, entfernten ein paar Ziegel und ließen den Gelähmten durch die Öffnung hinunter zu Jesus.

In Lukas 5,20 heißt es dann: „Als Jesus ihren Glauben sah, sagte er zu dem Mann: ‚Mein Freund, deine Sünden sind dir vergeben!‘"

Die Lähmung des Mannes war für alle Menschen sichtbar, seine geistliche Erkrankung jedoch nicht. Jesus machte ihn auf seinen geistlichen Zustand aufmerksam und kümmerte sich darum. Ja, er hielt es sogar für angebracht, dem die erste Priorität einzuräumen. Die Sünde muss behandelt werden, denn wenn man sie gewähren lässt, richtet sie umso mehr Schaden an.

Jesus sah etwas, was die anderen nicht sehen konnten. Er sah die Herzen der religiösen Oberhäupter, die sich im Raum befanden. Sie litten unter Unglauben, denn sie dachten, er hätte eine Gotteslästerung begangen, weil doch nur Gott Sünden vergeben konnte. Und Jesus war ja nicht Gott ... oder vielleicht doch? Jesus wies sie auf ihren Irrtum hin, indem er sie fragte: „Warum gebt ihr solchen Gedanken Raum in euren Herzen? Was ist leichter – zu sagen: ‚Deine Sünden sind dir vergeben‘ oder: ‚Steh auf und geh umher!‘? Doch ihr sollt wissen, dass der Menschensohn die Vollmacht hat, hier auf der Erde Sünden zu vergeben" (Lukas 5,22-24). Daraufhin heilte Jesus den Gelähmten auch körperlich, sehr zum Erschrecken und Erstaunen aller Anwesenden und natürlich zur Ehre Gottes!

Kiki, die Hündin, kann ihre Menschen warnen, dass etwas nicht in Ordnung ist und Heilung braucht. Doch sie selbst kann sie nicht wieder gesund machen. Gott aber kann sowohl die Diagnose stellen als auch heilen (vergleiche Psalm 139,23-24).

Dr. Freds Diagnose

Der Schmerz fordert unsere Aufmerksamkeit. In der Freude flüstert Gott, in unserem Gewissen spricht er, aber in unserem Schmerz schreit er. Der Schmerz ist sein Megafon, um eine taube Welt aufzuwecken.

C. S. Lewis

Dr. Fred war kein praktizierender Arzt. Er gab Tipps für den Immobilienkauf und informierte die Leute darüber, was sie ihrem Hund auf keinen Fall zu fressen geben sollten. Doch durch die wundersame Vorsehung Gottes bestand seine letzte gute Tat auf dieser Erde darin, eine lebensrettende Diagnose herbeizuführen. Das alles wäre an sich schon erstaunlich genug, ist es aber umso mehr, wenn man erfährt, dass Dr. Fred ein Hund war.

Der Mensch, zu dessen Lebensrettung Fred beitrug, war sein geliebtes Frauchen Jenny. Sie und ihr Mann Gary hatten den schwarzen Labrador aus einem Tierheim geholt, als er ungefähr zwei Jahre alt war. Sofort entfaltete Fred seine heilsamen Kräfte, indem er Jennys Leben heller machte. „Ich glaube, durch Tiere möchte Gott unser Leben mit seiner heilenden Hand berühren", sagte Jenny im Gespräch zu mir. Sie ist eine Immobilienmaklerin, die viel von ihrem Büro zu Hause aus arbeitet und sich auf diese Weise manchmal etwas einsam fühlte.

Und stressig kann dieser Beruf auch sein. „Ein Haus zu kaufen ist die größte Investition, die Menschen in ihrem Leben vornehmen, und ein Immobilienmakler hat die Aufgabe, sie dabei zu unterstützen", stellt sie fest. Fred war ein lustiger Geselle und brachte Jenny oft zum Lachen – und Lachen ist nach Meinung vieler Ärzte eine sehr hilfreiche Medizin. Schon bald gehörte Fred zu Jennys Unternehmen dazu und brachte auch viele ihrer Kunden zum Lächeln.

Jenny schrieb einen monatlichen Newsletter, in dem Fred seine eigene Kolumne hatte, „Freds Ecke" genannt – wobei sein

Frauchen natürlich der Ghostwriter war. Fred konnte so manches schreiben, was Jenny sich nicht erlauben durfte. Manchmal verpasste sie Fred auch ein lustiges Outfit und machte Fotos von ihm, die dann jeden Monat den Newsletter zierten. Einmal trug er zum Beispiel einen Laborkittel (denn er war ja schließlich ein LABradOR). In diesem Newsletter verbreitete „Dr. Fred" seine Tipps zum Thema „Was Hunde auf keinen Fall fressen sollten". Doch Freds größter Moment in seiner medizinischen Laufbahn sollte erst noch kommen.

Fred erreichte das für einen Labrador hohe Alter von vierzehn Jahren. Seit einem Monat wusste Jenny schon, dass das Ende kommen würde. Er wollte nicht mehr fressen und wurde immer schwächer. An einem bestimmten Tag wurde ihr klar, dass es nun Zeit für ihn war zu gehen. Sie vereinbarte einen Termin beim Tierarzt für den Abend, wenn ihr Mann von der Arbeit nach Hause kam. Von Traurigkeit überwältigt weinte sie den ganzen Tag.

Die intensive Trauer hatte ihren Preis. Plötzlich fühlte sie einen heftigen Schmerz in der Brust, der sie zusammenzucken ließ. Sie legte ihre Hand auf die Stelle und spürte etwas Hartes, das sie vorher noch nie bemerkt hatte. Eine Zyste schien es nicht zu sein. Instinktiv wusste Jenny, dass sie Krebs hatte.

Noch nicht lange vorher hatte Jenny eine Mammografie bei sich vornehmen lassen, die aber nichts Auffälliges ergeben hatte. Der Schmerz, den sie an jenem Tag empfand, verschwand und kam nie wieder. Jenny ist überzeugt, dass er durch ihr heftiges Weinen hervorgerufen wurde. Hätte sie nicht so sehr um Fred getrauert, wer weiß, wie lange es gedauert hätte, bis sie den Knoten entdeckt hätte. Ihr das Leben zu retten war Freds letztes Geschenk an sie.

Jenny und Gary ließen Fred einschläfern. Am nächsten Tag ging Jenny zum Arzt. Zwei Wochen später lagen alle Untersuchungsergebnisse vor und ergaben, dass sie einen aggressiv wuchernden, schnell wachsenden Tumor hatte. Schon in dieser kurzen Zeit war er um fünfzig Prozent größer geworden. Sofort wurde mit der Chemotherapie begonnen, nach zwölf Wochen musste die Brust entfernt werden, und eine weitere Chemotherapie folgte, nachdem noch mehr Krebszellen entdeckt worden waren.

Jenny ist überzeugt, dass Gott Fred dazu gebrauchte, ihre Krebserkrankung offenzulegen. Auch in der Zeit ihrer Behandlung konnte sie immer wieder Gottes liebevolle Fürsorge erkennen. So hatte sie in den sechs Monaten vor ihrer Krankheit beruflich viel Erfolg gehabt, sodass sie nun, als sie nicht mehr arbeiten konnte, ein finanzielles Polster hatte. Eine Freundin aus dem Hauskreis, den Gary und sie besuchten, bekam es von Gott aufs Herz gelegt, sie zu jedem Arzttermin zu begleiten, und das tat sie dann auch. Außerdem konnte eine Komplikation, die Jenny während der Behandlung erlitt, auf wundersame Weise beseitigt werden.

Jenny bekam eine, wie sie es nennt, „erworbene Dickdarmentzündung" durch ein Bakterium namens C. difficile, das während ihres Krankenhausaufenthaltes in ihr Verdauungssystem gelangte. Nun musste sie extrem teure Medikamente nehmen, die in der Apotheke eigens für sie hergestellt wurden. Allerdings war ihre Erkrankung so schwer, dass die Arznei nicht half, sondern nur die Symptome einigermaßen in Schach hielt. Zwar gab es eine Behandlung, die in einigen Ländern erfolgreich angewendet wurde, aber diese war in den USA nicht zugelassen und die Arzneimittelbehörde hatte ihre Anwendung mit extrem hohen Auflagen versehen. Der Facharzt, der Jenny behandelte, behielt die weitere Entwicklung auf diesem Gebiet jedoch fest im Blick, und als die Arzneimittelbehörde die Einschränkungen vorübergehend für Fälle wie die von Jenny zu Studienzwecken lockerte, erfuhr er das sofort. Erstaunlicherweise erklärte sich Michelle in der Apotheke, in der Jenny ihre Medikamente besorgte, als Spenderin für die Behandlung bereit. Nun konnte diese durchgeführt werden und Jenny wurde innerhalb eines Tages gesund.

Am ergreifendsten bei all dem ist jedoch, wie Gott Jennys Krankheit gebrauchte, um ihre Beziehung zu einer guten Freundin zu vertiefen, die ebenfalls an Krebs erkrankt war. Der

gemeinsame Kampf öffnete eine Tür, sodass Jenny ihrer Freundin Gottes Liebe noch viel deutlicher weitergeben konnte, was ihr selbst auch sehr viel bedeutete.

Glücklicherweise ist Jenny heute frei von Krebs und ihre letzten Untersuchungsergebnisse sahen sehr gut aus. An ihren Blutwerten und ihrem Körper ist nicht mehr zu erkennen, dass sie einmal einen bösartigen Tumor hatte. Und es gibt auch einen neuen Hund in Jennys und Garys Leben, einen silberfarbenen Labrador namens Buck. Jenny erzählte mir, dass Buck inzwischen den Stab von Fred übernommen hat und im Newsletter ihres Immobilienbüros seine eigene Kolumne unter dem Titel „Bucks Ecke" schreibt. Sie und ihr Mann freuen sich schon auf den fröhlichen und wohltuenden Einfluss, den Buck auf ihr Leben haben wird, hoffentlich für viele Jahre.

Wenn ich mir überlege, wie Gott den Schmerz gebrauchte, um Heilung in Jennys Leben zu bringen, erinnert mich das an den Apostel Paulus. Dieser große Botschafter des Evangeliums hatte mit unsäglichem Leid und Not zu kämpfen, während er den Menschen in seiner Umgebung von Gottes heilender Liebe und Vergebung erzählte. Und manchmal sah er sich gezwungen, anderen um ihrer geistlichen Gesundung willen schmerzliche Wahrheiten zu vermitteln. Ein solcher Fall ist in 2. Korinther 7,8-10 festgehalten. Dort schreibt Paulus: „Mein Brief hat euch zwar hart getroffen, und doch bereue ich nicht, ihn geschrieben zu haben. Zunächst allerdings habe ich es bereut; ich habe ja gemerkt und bin mir bewusst, wie sehr euch das, was ich zur Sprache brachte, wehgetan hat, auch wenn es nur für kurze Zeit war. Dafür freue ich mich jetzt umso mehr – natürlich nicht über euren Schmerz, sondern darüber, dass dieser Schmerz euch zur Umkehr gebracht hat. Das Ganze hat euch auf eine Art und Weise wehgetan, die Gottes Willen entsprach, und deshalb hat unser Brief euch letzten Endes keinerlei Schaden zugefügt. Denn ein Schmerz, wie Gott ihn haben will, bringt eine Umkehr hervor, die zur Rettung führt und die man nie bereut. Der Schmerz hingegen, den die Welt empfindet, bewirkt den Tod."

Jenny ging mit ihrem Leid positiv um und gestattete Gott,

es zu gebrauchen, um Heilung in ihr eigenes Leben und in das von anderen Menschen zu bringen. Paulus tat dasselbe. Bereits die Psalmbeter berichten von solchen Erfahrungen (zum Beispiel in Psalm 119,67).

Horizonterweiterung

Die Hoffnung ist ein gefiedertes Etwas,
das in unserer Seele hockt,
eine Melodie ohne Worte singt
und niemals damit aufhört.
Emily Dickinson

Barbie ist eine wundervolle junge Dame, die ihr Leben als kleine Erdnuss begann. Zumindest war das ihr Spitzname – Peanut, die Erdnuss –, und das aus gutem Grund. Sie wurde in der 27. Schwangerschaftswoche geboren und wog keine zwei Pfund. Zwar überlebte sie ihre Frühgeburt, litt aber von da an unter einer spastischen Lähmung. Oder, um es mit ihren eigenen Worten auszudrücken: „Mein Gehirn und mein Körper sind sich nicht sehr oft einig."

Eine große Herausforderung war die Mobilität. Barbie konnte sich zwar mit einem elektrischen Rollstuhl oder einer Gehhilfe fortbewegen, doch sie brauchte dazu immer jemanden, der ihr half. Und nicht nur das Gehen selbst war für sie ein Problem, es kamen auch noch Gleichgewichtsstörungen dazu, was eine erhöhte Sturzgefahr bedeutete. Für Barbie waren außerdem all die kleinen Tätigkeiten schwierig, die für die meisten Menschen selbstverständlich sind, wie zum Beispiel Türen zu öffnen, das Telefon abzunehmen oder etwas aufzuheben, das ihr heruntergefallen war.

Doch Barbie ließ sich davon nicht aufhalten. Sie war eine Kämpferin. Ihr Mut war größer als ihre Herausforderungen. Sie wollte unbedingt selbstständiger werden und eines Tages einen Beruf ausüben, ganztags oder in Teilzeit. In der Highschool hatte sie Assistenten gehabt, die sie begleiteten, aber im berufsvorbereitenden College wurde es schwieriger, eine geeignete Person zu finden. Und manchmal musste Barbie auch alleine zu Hause sein, weil ihre Mutter arbeitete. Ihr wurde klar, dass sie eine andere Lösung brauchte, um sich sicher fortzubewegen und ihre Träume zu verwirklichen: einen Helfer auf vier Pfoten statt auf zwei Beinen.

Barbie setzte sich mit einer Organisation für Assistenzhunde in Verbindung. Dort willigte man ein, einen passenden Hund für sie zu suchen. Da die Organisation wie erwähnt auf Spendenbasis arbeitet, werden die Familien, die einen Assistenzhund benötigen, gebeten, eine bestimmte Summe an Spenden einzuwerben. Sie erhalten den Hund dafür kostenfrei. Als es Barbie trotz ihrer Bemühungen nicht gelang, die entsprechende Summe aufzubringen, erhielt sie plötzlich von unerwarteter Seite Unterstützung. Sie besuchte gerade mit ihrer Mutter einen Flohmarkt, als sie von einem Fremden gefragt wurde, was sie sich zu Weihnachten wünsche. „Einen Assistenzhund", antwortete sie. Es stellte sich heraus, dass der Fremde ein Reporter war. Barbie wurde im Fernsehen interviewt, und als Folge davon kamen mehr Spenden zusammen, als sie brauchte.

Barbie musste ihr Weihnachtsgeschenk zwar abholen, doch das machte ihr gar nichts aus. Im Juni 2009 fuhr sie zu diesem Zweck nicht etwa an den Nordpol, sondern zu der Trainingseinrichtung in Ohio, die wir schon erwähnt haben. Dort lernte sie Maestro kennen, einen Golden Retriever, der ihr Leben verändern sollte. Gemeinsam trainierten sie.

„Seit Maestro bei mir ist, habe ich nicht mehr das Gefühl, anderen Menschen zur Last zu fallen", erzählt Barbie. „Wenn ich Hilfe brauche, ist er immer da." Sobald das Telefon klingelt, bringt Maestro es ihr, oder er holt es, wenn sie ihm den Befehl dazu gibt. Er kann auch die Kühlschranktür aufmachen

und schließen und Abfall in den Mülleimer werfen. Wenn sie draußen unterwegs sind, drückt er die Knöpfe, mit denen sich automatische Türen öffnen lassen. Mithilfe einer bestimmten Vorrichtung kann der Hund sogar eine Tür so weit öffnen, dass Barbie den Rest allein schafft.

Am Anfang traute sich Barbie manche Dinge mit Maestro noch nicht zu. Zum Beispiel hatte sie Angst davor, ihn zur Verbesserung ihrer Beweglichkeit zu nutzen. Doch einer ihrer Therapeuten erklärte ihr, es sei für ihre Gesundheit besser, wenn sie sich mehr bewege. Also überwand sie ihre Bedenken und schickte Maestro zu einem besonderen Mobilitätstraining für Menschen mit Gleichgewichtsproblemen. Nun trägt Maestro ein spezielles Geschirr, das zwischen seinem Kopf und den Schultern eine Vorrichtung hat, mit der er Barbie beim Gehen helfen kann. Sie hält sich an dem dort angebrachten Griff fest, und so stabilisiert der Hund sie. Maestro merkt auch, wenn Barbie stolpert und hinzufallen droht. Dann bleibt er sofort stehen. Wenn er spürt, dass sie fällt, stellt er sich quer vor sie hin, damit sie sich abstützen kann. Manchmal fällt sie trotzdem, doch dann kann sie mit seiner Hilfe wieder aufstehen.

Dank Maestro hat Barbie viel mehr Selbstvertrauen und Unabhängigkeit gewonnen und darüber ist sie sehr glücklich. Sie kann sich nun ohne Rollstuhl oder Gehhilfe fortbewegen, auch wenn sie diese Hilfsmittel trotzdem noch manchmal benutzt. Mit ihrem Assistenzhund kann sie ohne menschliche Unterstützung in den Park oder in den Supermarkt gehen. Sie überwindet mit ihm zusammen Bürgersteigkanten und an öffentlichen Orten kann sie die Toiletten oder die Cafeteria aufsuchen. Auch zu Hause braucht sie sich keine Sorgen zu machen, denn ihr Held auf vier Pfoten ist immer da, um ihr zu helfen.

Kurz: Maestro ist Barbies Hoffnungsträger in Fellkleidung. Er hat ihr geholfen, Hindernisse zu überwinden, wie sie es nie für möglich gehalten hätte. Er hat ihr die Augen geöffnet für das erfülltere Leben, das sie mit ihm an ihrer Seite führen kann. All das erinnert mich an eine schöne Geschichte aus dem Alten

Testament, in der es um die heilsame Hoffnung geht, die Gott uns schenkt (2. Könige 6,8-22).

Der Mann, der diese Hoffnung so dringend brauchte, war der Diener des Propheten Elisa. Denn er dachte, dass er und sein Herr ganz und gar verloren seien. Die Syrer hatten Israel den Krieg erklärt und Elisa hatte dem israelitischen König gesagt, wohin das feindliche Heer sich bewegte. Der König von Syrien erfuhr, dass Elisa sich in Dotan aufhielt, und ließ die Stadt von seinen Truppen umzingeln. Als Elisas Diener am Morgen aufwachte, sah er das scheinbar unüberwindliche Hindernis einer riesigen Armee und bekam Angst.

Elisa dagegen fürchtete sich überhaupt nicht. Er wusste, dass Gott auf seiner Seite stand, er vertraute ihm und sah etwas, was sein Diener nicht sah. Dann bat er Gott, dem Diener die Augen zu öffnen. „Da öffnete der Herr Elisas Diener die Augen und er konnte sehen, dass der ganze Berg, auf dem die Stadt stand, von Pferden und Streitwagen aus Feuer beschützt wurde" (2. Könige 6,17).

Doch Gott zeigte Elisa noch viel mehr als Pferde und Streitwagen aus Feuer: Elisa erkannte, wie er mit den Feinden umgehen sollte, nämlich auf eine ganz ungewöhnliche Weise. Er bat Gott, die feindliche Armee blind werden zu lassen. Dann überlistete er sie und lockte sie in eine Falle, wo ihnen die Augen wieder geöffnet wurden. Er riet dem israelitischen König, die Feinde nicht zu töten, sondern ein Fest für sie zu veranstalten. Danach ließ man die syrischen Truppen frei und sie kehrten zu ihrem König zurück, damit auch ihm die Augen für die Größe des Gottes Israels geöffnet wurden. Das war das Ende aller Feindseligkeiten.

Barbies Hund Maestro hat ihr Hoffnung gegeben und ihr einen neuen Blick für die Zukunft geschenkt. Wenn wir auf Gott hoffen, dann verändert das auch unsere Perspektive. Darin bestärkt uns auch Psalm 31,25.

Ein Chevy für Nate

Hinter der nächsten Biegung gleich
ein Tor führt ins geheime Reich.

J. R. R. Tolkien[2]

Mit Chevy kann Nate auf sichere Weise dorthin gelangen, wo er hinmuss. Allerdings ist dieser Chevy kein Chevrolet auf vier Rädern, sondern ein Golden Retriever auf vier Pfoten. Er ist Nates geliebter Assistenzhund und für ihn eine Art Tür, durch die er in ein erfüllteres, reicheres Leben eintreten kann.

Der zehnjährige Nate wurde mit Downsyndrom geboren, einer genetischen Veränderung, die zu Störungen in der geistigen Entwicklung führt. Manchmal löst sie auch noch weitere gesundheitliche Probleme aus. Nates Mutter Tania, die selbst Krankenschwester ist, erklärte mir, dass jedes neunzigste Kind mit Downsyndrom auch Leukämie bekommt. Nate ist eines davon.

Nates Probleme begannen mit einer Geschwulst in der Luftröhre. Die Ärzte mussten einen Beatmungsschlauch einführen, damit er weiter Luft bekam. Erst dachten sie, die Ursache sei ein Virus, doch als die Geschwulst nicht von allein zurückging, mussten sie operieren. Nach sechs Monaten konnte der Beatmungsschlauch entfernt werden. Eine Woche später kam die Diagnose: Leukämie.

Nun folgten dreieinhalb Jahre Chemotherapie. Da Nate eine verengte Luftröhre hatte, bekam er häufig Atemwegs-Infektionen. Immer wieder musste er ins Krankenhaus. Glücklicherweise befindet er sich jetzt auf dem Weg der Besserung, aber er muss weiterhin alle zwei Monate zum Bluttest.

Da Nate so viele Probleme zu bewältigen hatte, kamen seine Eltern zu dem Schluss, dass ihr einziges Kind einen Freund brauchte. Nate hatte schon immer Hunde geliebt. Tania und ihr Mann Ken hatten Freunde, deren Kinder einen Assistenz-

hund besaßen. Nun hofften sie, dass ein solcher Hund vielleicht auch Nate helfen konnte.

Die erste Organisation, an die sie sich wandten, lehnte ihre Anfrage ab. Dann klopften sie bei einer anderen Organisation an, wo man sich auf die Ausbildung und Vermittlung von Assistenzhunden für Kriegsversehrte oder Kinder mit Behinderungen spezialisiert hat. Nate bekam eine Zusage und mit Chevy wurde ein passender Hund für ihn gefunden. Nate und seine Angehörigen mussten ein zweiwöchiges Training mit ihrem neuen Familienmitglied durchlaufen, in dem bereits schon erwähnten Trainingscenter in Ohio.

Chevy öffnet Nate in vielerlei Hinsicht Türen. Kinder mit Downsyndrom laufen gern weg. Das tat auch Nate eines Nachts während der Trainingszeit in Ohio. In den frühen Morgenstunden verließ er sein Hotelzimmer und klopfte an der Tür von fremden Leuten an. Glücklicherweise hatte der Mann, der das Zimmer bewohnte, selbst beruflich mit behinderten Kindern zu tun und so erkannte er die Situation und informierte die Mitarbeiter an der Rezeption.

Aber jetzt hat Nate seinen Chevy, der auf ihn aufpasst. Der Rüde ist in Fährtensuche ausgebildet. Wenn Nate auf Wanderschaft geht, kann sein Hund ihn aufspüren. Eines Tages lief Nate aus der Garage davon und den Wohnblock entlang. Ein Nachbar entdeckte ihn und sah, wie Chevy kurze Zeit später um die Ecke geflitzt kam. Keiner weiß, ob die beiden gleichzeitig losliefen, aber Tania ist auf jeden Fall froh, dass sie einen Detektiv auf vier Pfoten haben, der ihren Sohn findet, wenn es nötig ist.

Chevy öffnet für Nate auch eine Tür des Trostes. Nate hasst die Blutabnahme, der er sich regelmäßig unterziehen muss. Chevy begleitet ihn stets dabei, und wenn Nate Schmerzen hat oder zu weinen anfängt, bekommt er von Chevy einen Hundekuss, was ihn sofort beruhigt. Chevy küsst aber nur Nate, niemanden sonst. Auch zu Hause saust der Hund sofort zu seinem zweibeinigen Freund, wenn dieser traurig oder wütend ist.

Das Schönste aber ist, dass Chevy für Nate die Tür zu einem

reicheren, erfüllteren Leben geöffnet hat. Vor allem hat er Nates Sprachentwicklung enorm gefördert. Kinder mit Downsyndrom haben an diesem Punkt oft Probleme, erklärt mir Tania. Denn ihr Muskeltonus ist niedrig und die motorische Feinabstimmung klappt dann nicht. „Damit wir sprechen können, muss unser Gehirn unseren Muskeln sagen, was sie tun sollen", sagt Tania. Bei Nate wurde die sprachliche Entwicklung durch den Beatmungsschlauch und die Nebenwirkungen der Chemotherapie noch weiter negativ beeinflusst. Doch während der zwei Trainingswochen in Ohio machte er sprachlich plötzlich riesige Fortschritte. Sein Wunsch, Chevy verbale Kommandos beizubringen, war für ihn ein großer Motivationsschub.

Nate geht in einem Vorort von Chicago zur Schule, und zwar in den regulären Unterricht. Chevy begleitet ihn auch hier und wird von Nates Betreuer geführt. Nate ist viel ausgeglichener, wenn Chevy da ist, er kann sich besser konzentrieren, und die Gegenwart des Hundes scheint für ihn etwas Tröstliches zu haben.

Chevy verhilft Nate auch zu sozialen Kontakten und fast alle Kinder in der Schule lieben ihn. Selbst wenn Kinder anfangs Angst vor dem Hund haben, legen sie diese mit der Zeit ab. Ein Junge, der mit Nate im Schulbus fährt und unter Autismus leidet, schien sich vor Chevy sehr zu fürchten, so erzählte mir Tania. Doch dann taute er immer mehr auf und irgendwann lud er Nate und seinen Hund zu seiner Geburtstagsfeier ein. Chevy war auf der Party der absolute Hit.

Nate hat sehr gut ausgeprägte soziale Fähigkeiten und ein hervorragendes Gedächtnis. Doch aufgrund seiner motorischen Einschränkungen kann er viele Sportarten nicht ausüben. Auch hier hat Chevy ihm eine Tür geöffnet, nämlich zu einem Sport, bei dem die beiden gemeinsam an Wettkämpfen teilnehmen können.

Das Ganze nennt sich „Dockspringen" und Chevy liebt diese Aktivität sehr. Er ist jedes Mal ganz außer sich vor Freude, wenn er mitmachen darf. Nate trägt sein Superheld-Shirt zu den Wettkämpfen. Seine Aufgabe besteht darin, ein Spielzeug

von einem Steg ins Wasser zu werfen und seinen Hund hinter-herzuschicken. Chevy soll dann vom Steg ins Wasser springen und den Gegenstand zurückholen. Es gibt Punkte dafür, wie hoch oder wie weit der Hund gesprungen ist.

Die Teilnahme am Dockspringen hat für Nate eine ganz neue Welt eröffnet. Die Sportkameraden sind nett zu ihm und beziehen ihn in alles ein. Kinder mit Downsyndrom sind von vielen neuen Eindrücken leicht überfordert und ziehen sich dann lieber zurück. Aber die Teilnahme an den Wettkämpfen hilft Nate, mit solchen Umgebungen besser zurechtzukommen.

„Wir wären nie da, wo wir jetzt mit Nate sind, wenn wir keinen Assistenzhund bekommen hätten", ist sich Tania sicher. „Chevy ist so gut ausgebildet und versteht sich so hervorra-gend mit Nate. Ich könnte gar nicht ständig bei Nate sein wie Chevy und er hat wirklich ganz viel Gutes bei unserem Sohn bewirkt!"

Eine Tür, die in ein neues Leben führt – das klingt ganz ähn-lich wie die Worte, die Jesus in Johannes 10,7-10 spricht. Dort bezeichnet er sich selbst als eine Tür für seine Schafe: „Ich sage euch: Ich bin die Tür zu den Schafen. Alle, die vor mir ge-kommen sind, sind Diebe und Räuber. Aber die Schafe haben nicht auf sie gehört. Ich bin die Tür. Wenn jemand durch mich eintritt, wird er gerettet werden. Er wird ein- und ausgehen und gute Weide finden. Der Dieb kommt nur, um die Schafe zu stehlen und zu schlachten und um Verderben zu bringen. Ich aber bin gekommen, um ihnen Leben zu bringen – Leben in ganzer Fülle."

In Jerusalem gab es das sogenannte Schaftor, durch das die Schafe hindurchgingen, die im Tempel geopfert werden sollten. In Johannes 1,29 sagt Johannes der Täufer über Jesus: „Seht, hier ist das Opferlamm Gottes, das die Sünde der ganzen Welt wegnimmt!" Diesen Weg ist Jesus für alle Menschen gegangen. Damit hat er die Tür zum Vater im Himmel geöffnet.

Chevy war für Nates Heilungsprozess ungeheuer wichtig. Und Jesus ist für unsere Heilung ausschlaggebend. Keiner von uns kann Gottes Vergebung kaufen oder sie sich auf irgendeine

Weise verdienen. Jesus ist sowohl unsere Tür, die zum Vater führt, als auch der gute Hirte, der uns auf unserem geistlichen Weg versorgt. Und als der gute Hirte macht er sich auf die Suche nach uns, wenn wir uns verlaufen haben, so wie Chevy es für Nate tut.

Nate nahm Chevys Hilfe dankbar an und ging durch die Tür, die Chevy ihm aufhielt, um geheilt zu werden. Jesus ist selbst die Tür, die allen offen steht, die zu ihm kommen wollen.

Am Ende der Fahnenstange

Gottes Gaben stellen sogar die kühnsten Träume des Menschen in den Schatten.
Elizabeth Barrett Browning

Maggie und ihre Familie waren mit ihrem Latein am Ende, aber für Gott ist keine Situation zu dunkel oder zu hoffnungslos, um hereinzukommen. Er kam zu ihnen und überreichte ihnen das heilsame Geschenk, das sie brauchten. Dieses Geschenk trug den Namen Kermit und war ein Labrador-Mischling. Kermit ist seitdem der Assistenzhund ihres Sohnes Danny und für die ganze Familie der strahlende Held auf vier Pfoten.

Kermit wurde von der erwähnten Organisation für Assistenzhunde ausgebildet, wo man bereit ist, auch in besonders schwierigen Fällen zu helfen. Und Danny war ein solcher Fall. Er leidet sowohl unter Autismus als auch unter einer Impulskontrollstörung und einer schwer zu behandelnden Epilepsie. Wenn der ein Meter achtzig große junge Mann einen Anfall hat, fällt er um wie ein Baum. Im Lauf seines Lebens hat er sich dabei schon die Nase gebrochen, mehrere Zähne ausgeschlagen und Gehirnerschütterungen erlitten. Die große Herausforde-

rung besteht darin, für seine Sicherheit zu sorgen und dabei ist Kermit ihm eine enorme Hilfe.

Wahrscheinlich hat Danny schon von Geburt an epileptische Anfälle gehabt, doch der erste schwere Anfall, den seine Eltern bemerkten, passierte im Alter von fünf Monaten. Mit zwei Jahren wurde bei Danny außerdem eine Neigung zum Autismus festgestellt. Als er älter wurde, war er so hyperaktiv, dass man in der Schule seinen Tisch am Boden befestigen musste. Seine Mutter Maggie beschreibt ihren Sohn als „ADHS mal tausend". Danny lief auch häufig weg und hatte vor nichts Angst – als er klein war, wurde er dreimal aus einem See gefischt.

Mit Anfang zwanzig hatte Danny etwa alle neun bis zehn Tage einen schweren epileptischen Anfall, dazwischen auch immer wieder kleinere. Nach einem großen Anfall dauerte es oft vier bis fünf Stunden, bis er wieder aufstehen konnte. Er bekam sogar ein Implantat in die Achselhöhle eingepflanzt, eine Art Schrittmacher für das Gehirn, der zwar etwas Besserung brachte, aber es blieben immer noch genug Probleme übrig, für die niemand eine Lösung hatte.

Kermit war das fehlende Puzzleteil, mit dem sich alles veränderte. Das Wunder begann schon, als die Familie um Spenden bat, um den Hund finanzieren zu können. Die Organisation für Assistenzhunde bittet wie erwähnt die Empfänger eines Hundes und ihre Familien, mit ihnen gemeinsam eine bestimmte Summe an Spenden einzuwerben, die in etwa den Unterhalt und die Ausbildung eines Tieres abdecken. Dafür bekommen sie den Hund kostenlos. Kaum hatte Dannys Familie damit begonnen, flossen auch schon die Gelder, sodass sie am Ende fast doppelt so viel hatten, wie sie brauchten. Mit der überschüssigen Summe konnten sie einer weiteren Familie helfen.

Kermits Anwesenheit erwies sich als die bisher beste Maßnahme, um Dannys Anfälle unter Kontrolle zu bekommen und seine Sicherheit zu gewährleisten. Doch zunächst mussten er und seine Menschen lernen, ihre Kommunikation aufeinander abzustimmen. Maggie erinnert sich an einen Vorfall, etwa drei Monate nachdem Kermit zu ihnen gekommen war. Eine Betreuerin kümmerte sich um Danny, während Maggie nicht zu Hause war. Irgendwann rief sie Maggie an und sagte, der Hund würde völlig durchdrehen. Er habe Pflanzen ausgerissen und sie fürchte, er könnte sich damit vergiftet haben. Maggie eilte nach Hause und bis sie dort ankam, hatte Danny einen Anfall gehabt. Kermit war also überhaupt nicht krank gewesen, sondern hatte nur seinen Job gemacht. Die Betreuerin hatte mit Danny zum Supermarkt gehen wollen, und weil Kermit gespürt hatte, dass sich ein Anfall ankündigte, hatte er versucht, sie zu warnen.

Dass Kermit Dannys Anfälle ankündigt, ist für die Familie eine große Hilfe, denn so können sie rechtzeitig für Dannys Sicherheit sorgen. Folglich ist er schon seit über vier Jahren nicht mehr in der Notaufnahme gelandet. Kermits Warnungen haben es der Familie und den Ärzten außerdem ermöglicht, neue Strategien zu finden, um die Anzahl der Anfälle zu reduzieren. Als ich Dannys Mutter für dieses Buch interviewte, hatte Danny nicht mehr alle neun bis zehn Tage einen großen Anfall, sondern nur noch zwei innerhalb von sechs Wochen. Zu der Zeit war es gerade Sommer und normalerweise steigt dann die Zahl der Anfälle, doch bei Danny ist sie zurückgegangen.

Kermit hilft Danny auch in anderen Bereichen. Er passt auf ihn auf, legt sich auf seine Füße oder versperrt ihm den Ausgang, damit er nicht wegläuft. Er beruhigt Danny auch, wenn dieser sich aufregt. „Kermit versteht Danny wirklich gut", sagt Maggie. „Er betritt sogar Dannys Zimmer, wenn der einen schlechten Tag hat und mit Gegenständen um sich wirft." Kermit begleitet Danny außerdem zu Arztterminen, die ein regelrechter Albtraum sein können, wenn der Hund nicht dabei ist.

Kermit war für Danny wie ein wichtiges Puzzleteil in seinem Leben. Als er ins Spiel kam, fügten sich alle anderen Teile zu einem neuen Ganzen zusammen. In der Bibel wird Gottes Plan zu unserer Erlösung mit dem Einsetzen eines Ecksteins verglichen: Jesus, der Messias, ist der Eckstein, durch den das ganze Gebäude erst seinen Halt bekommt.

Die Bibel sagt uns, dass wir Menschen mit unserem Latein am Ende sind, wenn es um die Sünde geht. Wir können nicht

endgültig mit ihr fertigwerden. Gott aber kam zu uns, als wir am Ende der Fahnenstange angelangt waren, und brachte uns das heilende Geschenk, das wir brauchten – unseren Messias und Retter Jesus Christus (vergleiche 2. Timotheus 1,9-10). Jesus erfüllte eine zweifache Aufgabe, denn er war sowohl das ein für alle Mal gültige Opfer, das für unsere Sünden bezahlte, als auch unser Hohepriester, der beständig beim Vater für uns eintritt. Allerdings musste Gott auch mit uns daran arbeiten, dass wir unsere geistliche Not und seine Lösung dafür richtig verstehen konnten.

So war es zum Beispiel bei Nikodemus, einem führenden jüdischen Theologen aus dem 1. Jahrhundert. Er kam im Schutz der Dunkelheit zu Jesus, weil er erkannt hatte, dass dieser umstrittene Lehrer jemand Besonderes war. Doch als Jesus ihm sagte, er müsse von Neuem geboren werden, um Gottes Reich zu sehen, war er verblüfft. „Wie kann ein Mensch, wenn er alt geworden ist, noch einmal geboren werden?', wandte Nikodemus ein. ‚Er kann doch nicht in den Leib seiner Mutter zurückkehren und ein zweites Mal auf die Welt kommen!' Jesus erwiderte: ‚Ich sage dir eins: Wenn jemand nicht aus Wasser und Geist geboren wird, kann er nicht ins Reich Gottes hineinkommen. Natürliches Leben bringt natürliches Leben hervor; geistliches Leben wird aus dem Geist geboren'" (Johannes 3,4-6).

Nikodemus verstand diese Worte nicht auf Anhieb, doch mit der Zeit erkannte er, dass Jesus den entscheidenden Eckstein in Gottes Erlösungsplan darstellte. Nikodemus setzte sein Vertrauen auf den Messias und wurde geistlich neu geboren. Er empfing so das Geschenk von Gottes Vergebung und das ewige Leben. Dasselbe Geschenk wartet auch auf uns, wenn wir am Ende unserer „geistlichen Fahnenstange" angekommen sind.

Ein Lebensretter im Fellmantel

Gefahr erkannt, Gefahr gebannt.

Sprichwort

Makenzie hat ein gesundheitliches Problem, wodurch sie mitten im Schlaf ins Koma fallen kann. Darum ist ihr Assistenzhund Bentley für sie ein echter Lebensretter im Fellmantel.

Mit sieben Jahren wurde bei Makenzie Typ-1-Diabetes festgestellt. Sie war schon längere Zeit antriebslos und gereizt gewesen, und als sich das nicht ändern wollte, fingen ihre Eltern an, sich Sorgen zu machen. Sie brachten ihre Tochter zum Arzt und die Erklärung für ihre Beschwerden fand sich in ihrem Blutzuckerspiegel. Dieser war astronomisch hoch. Die Ärzte vermuteten, dass das Problem schon seit einiger Zeit bestand. Wenn es noch länger so weitergegangen wäre, hätte sie daran sterben können.

Normalerweise wird der Blutzuckerspiegel durch das Hormon Insulin geregelt, das von Inselzellen in der Bauchspeicheldrüse hergestellt wird. In den meisten Fällen von Typ-1-Diabetes handelt es sich um eine Fehlfunktion des Immunsystems. Dieses spielt sozusagen verrückt, greift die Inselzellen irrtümlich an und zerstört so die Fähigkeit des Körpers zur Insulinproduktion oder beeinträchtigt sie zumindest stark. Glücklicherweise können Menschen mit dieser Krankheit jedoch ein aktives, erfülltes Leben führen, wenn sie mit Medikamenten richtig behandelt werden. Allerdings müssen sie immer gut auf sich aufpassen, und das ist für die einen schwieriger als für die anderen.

Makenzies Diagnose erschütterte ihre Welt bis in die Grundfesten. Von dem Augenblick an veränderte sich ihr ganzes Leben. Der Aufenthalt im Krankenhaus war erst der Anfang. Es stellte sich heraus, dass es sich bei ihrer Krankheit um einen schwierigeren Fall handelte, denn ihre Bauchspeicheldrüse war immer noch teilweise in der Lage, Insulin herzustellen. Und das

98

tat sie manchmal ganz ohne Vorwarnung. Sie schüttete plötzlich eine Dosis Insulin aus und ließ den Blutzuckerspiegel bedrohlich absacken. Wenn dann nicht sofort gegengesteuert wurde, konnte Makenzie in einen Zustand der Verwirrung geraten und in ein diabetisches Koma abgleiten. Darum waren häufige Blutzuckermessungen unabdingbar, und zwar auch nachts; denn wenn Makenzie im Schlaf unterzuckert wäre, würde sie vielleicht nicht mehr aufwachen.

Makenzies Eltern unterstützten sie immer bei ihren Vorhaben, so wie sie es auch bei ihren Geschwistern taten. Sie wollten nicht, dass ihre Tochter durch den Diabetes zu sehr eingeschränkt wurde. Und Makenzie beschloss früh, in ihrer Krankheit eher eine Herausforderung als eine Last zu sehen. Wenn es ein neues Hindernis zu bewältigen gab, war ihre Einstellung ab jetzt immer: „Lehnt euch entspannt zurück und schaut zu, wie ich es packe." Dennoch gab es einiges, was Makenzie nicht tun konnte, zum Beispiel bei Freundinnen übernachten oder an Freizeiten teilnehmen. Denn es gab niemanden, der sich so um sie kümmern konnte wie ihre Eltern. Ihr Vater stand jede Nacht dreimal auf, um den Blutzuckerspiegel seiner schlafenden Tochter zu messen und sich zu überzeugen, dass es ihr gut ging. Das tat er ihre ganze Kindheit und Schulzeit hindurch.

Dann aber kam die Zeit, in der Makenzie ein College besuchen wollte, das nicht an ihrem Heimatort lag. Aber wie sollte das gehen, wenn ihr Vater nicht auf sie aufpassen konnte? Wie konnte sie sich im Leben weiterentwickeln, trotz ihrer Krankheit, ohne ein großes Risiko einzugehen? Ein Hoffnungsschimmer kam durch eine befreundete Familie, deren Sohn einen Assistenzhund hatte. Seine Mutter erzählte Makenzie, dass es Hunde gebe, die darauf trainiert seien, ihre Menschen vor einem zu hohen oder zu niedrigen Blutzuckerspiegel zu warnen. Zwar konnten diese Tiere nicht die von Ärzten empfohlenen Vorsichtsmaßnahmen ersetzen, aber sie boten immerhin einen zusätzlichen Schutz. War ein solcher Hund vielleicht der Schlüssel, der Makenzie eine neue Zukunft eröffnete?

Die meisten Diabetikerwarnhunde werden von Profis ausgebildet. Aber Makenzie war auf einer Viehranch aufgewachsen. Sie liebte Tiere und hatte selbst schon Hunde trainiert. Also beschloss sie, ihren Assistenzhund selbst auszusuchen und auszubilden. Sie informierte sich über verschiedene Trainingsmethoden, und dann machte sie sich auf die Suche nach einem Hund. Fündig wurde sie bei einem Züchter, der einen Australian-Shepherd-Welpen abzugeben hatte. Die kleine Hündin Bentley wirkte sehr vielversprechend.

Sie eroberte Makenzies Herz und Leben im Alter von zwölf Wochen. Makenzie behielt sie immer dicht bei sich und arbeitete ständig mit ihr. Bentley musste zunächst den Duft ihres Menschen kennenlernen und wie dieser sich änderte, wenn Makenzies Blutzuckerspiegel Probleme machte. Dann sollte Bentley sie warnen. Bentley war neugierig und außerdem sehr liebevoll, was sie zu einer hervorragenden Kandidatin für diese Aufgabe machte. Aber würde sie genügend Fortschritte machen? Würde das Training sich auszahlen?

Die Antwort darauf lieferte Bentley im Alter von acht oder neun Monaten. Makenzie war krank und lag auf dem Sofa. Bentley saß auf ihr und winselte. Makenzie dachte, ihr Hund müsse ein Geschäft erledigen, und stand auf, um ihn nach draußen zu lassen. Aber Bentley rührte sich nicht vom Fleck. Als Makenzie sich wieder auf die Couch legte, fing Bentley an, mit der Pfote nach ihr zu schlagen. Mackenzies Mutter kam herein, beobachtete den Hund und riet ihrer Tochter, den Blutzucker zu messen. Vielleicht wollte Bentley ihr ja sagen, dass der Blutzuckerspiegel gefallen war?

Der Test bestätigte, was die Mutter vermutet hatte. „Ich lobte meinen Hund wie verrückt", erzählt Makenzie. „Ich war so glücklich!" Als der Blutzuckerspiegel sich normalisiert hatte, beruhigte sich Bentley wieder.

Bentley hat ihre Fähigkeiten weiter verfeinert, seit sie und ihre menschliche Freundin das College besuchen. Sie verhält sich anders, wenn etwas nicht in Ordnung ist. Dann winselt sie die ganze Zeit, langt mit der Pfote nach Makenzie und lässt

nicht locker, so als ob sie sagen wolle: „Hör auf mich! Da stimmt was nicht mit dir! Du musst das sofort beheben!" Letztes Jahr, als Makenzie zu Weihnachten zu Hause war, weckte Bentley sie eines Nachts auf, indem sie wie verrückt auf ihr herumsprang. Als Makenzie ihren Blutzucker maß, lag er bei 45. Die untere Grenze für einen normalen Blutzuckerwert im nüchternen Zustand ist 70.

Inzwischen kann Bentley auch Alarm schlagen, wenn der Blutzuckerspiegel zwar deutlich fällt, aber sich noch im normalen Rahmen befindet. Das ist insofern wichtig, als es Makenzie zeigt, dass ihre Werte weniger stabil sind. Dann weiß sie, dass sie öfter messen muss.

Makenzie platzt beinahe vor Stolz über das vorbildliche Verhalten ihres Hundes. Wenn Bentley ihre Assistenzhund-Kenndecke angezogen bekommt, legt sie sofort einen Schalter um. Dann geht sie ruhig neben ihrem Menschen her und setzt sich hin, wenn Makenzie stehen bleibt. Im Unterricht liegt sie still neben Makenzies Tisch und im Restaurant darunter. Die meisten Leute merken gar nicht, dass sie da ist.

Doch Bentley hat auch eine andere Seite. Sobald ihre Kenndecke abgelegt ist und sie sich zu Hause mit Makenzie entspannt, benimmt sie sich wie ein lustiger kleiner Clown. Sie ist verspielt und voller Zuneigung; nichts macht ihr mehr Spaß, als auf Makenzie herumzuspringen und sie abzulecken. Und Mackenzie genießt das auch!

Bentleys Training geht weiter. Wenn Makenzies Blutzucker niedrig ist, trinkt sie am liebsten eine kleine Portion Apfelsaft. Zurzeit versucht sie Bentley beizubringen, dass sie den Kühlschrank öffnet und ihr den Saft bringt. Außerdem gelingt es Bentley noch nicht zuverlässig, ihr Frauchen auch bei hohem Blutzuckerspiegel zu warnen; manchmal merkt sie es aber schon. Allerdings ist das nicht ganz so schlimm, weil Makenzie ihre Werte ohnehin mehrmals am Tag testet und die Gefahr sich nicht so schnell aufbaut.

Während ich diese Zeilen schreibe, befindet Makenzie sich im zweiten Jahr ihres Studiums. Ihr Hauptfach ist Bewegungs-

wissenschaft und sie arbeitet nebenbei als Privattrainerin. Sie hofft, dass sie eines Tages mit Kindern arbeiten kann, die wie sie unter Typ-1-Diabetes leiden. Sie möchte ihnen helfen, fit zu bleiben und sich gesund zu ernähren. Bentley ist für sie eine Verbündete, mit der sie diesen Traum verwirklichen kann, und sie ist sehr dankbar, dass sie sich mit der geliebten vierbeinigen Freundin an ihrer Seite so viel sicherer und ruhiger fühlt.

Bentley ist eine Art Frühwarnsystem im Fellmantel. Gott hat auch solche Frühwarnsysteme für uns. In dieser gefallenen Welt ist es oft schwierig, die geistliche Gesundheit aufrechtzuerhalten. Das Wort Gottes kann uns zeigen, dass unser geistlicher Blutzuckerspiegel absinkt, und fordert uns auf, etwas dagegen zu unternehmen, nämlich zu Gott umzukehren. In Psalm 19,10 und 12 lesen wir: „Die Ordnungen des Herrn sind zuverlässig und entsprechen der Wahrheit, sie sind ausnahmslos gerecht. … Herr, auch ich, dein Diener, lasse mich durch sie zurechtweisen; sie zu befolgen bringt großen Lohn." In Hebräer 4,12 wird dieser Gedanke noch vertieft: „Denn eines müssen wir wissen: Gottes Wort ist lebendig und voller Kraft. Das schärfste beidseitig geschliffene Schwert ist nicht so scharf wie dieses Wort, das Seele und Geist und Mark und Bein durchdringt und sich als Richter unserer geheimsten Wünsche und Gedanken erweist."

Gottes Wort kann uns nicht so deutlich ansprechen, wenn wir uns nicht darauf einlassen, es lesen und regelmäßig auswendig lernen (siehe Psalm 81,9). Wir müssen es nah bei uns haben so wie Makenzie ihre Bentley. Und wir müssen reagieren, wenn es uns warnen will. Wenn wir uns wegdrehen, uns die Decke über den Kopf ziehen, uns verweigern und rebellieren, dann geht es mit unserer geistlichen Gesundheit bergab.

Bentley warnt Makenzie, weil sie sie lieb hat. Wie viel mehr liebt uns Gott!

Der Hund, der einen Arzt zum Nachdenken brachte

Unsere hellsten Freudenfeuer werden meist durch unerwartete Funken entzündet.

Samuel Johnson

Im Jahr 2011 war Michelles Leben alles andere als vorhersagbar, und die Überraschungen, die sie erlebte, waren meistens negativ. Ihr Mann Tyler gehörte zu einem militärischen Spezialkommando und konnte jederzeit kurzfristig zu einem Einsatz entsandt werden. Mindestens genauso furchteinflößend war der Zustand ihres vierjährigen Sohnes Zachary, der eine Gehirnfehlbildung hatte und jeden Monat ohne Vorwarnung ein oder zwei schwere Anfälle bekam. Irgendwie hatte sich Michelle damit abgefunden, dass ständig ein Damoklesschwert über ihr hing, und sie tat ihr Bestes, um damit klarzukommen und weiterzumachen. Doch dann kam jenes traumatische Weihnachtsfest, das ihre Einstellung für immer veränderte.

Die Familie war nach Arkansas gereist, um die Großeltern zu besuchen, die oben auf einem Berg lebten. Plötzlich hatte Zachary einen schweren Anfall, der dreizehn Minuten dauerte. Der Rettungswagen konnte nicht zu ihnen gelangen, und so mussten sie ihm in die nächstgelegene Stadt entgegenfahren. Unterwegs bekam Zachary keine Luft mehr.

Die Ärzte fanden heraus, dass die Wirkung der Medikamente, die Zachary zur Vorbeugung gegen die Anfälle bekam, durch eine andere Arznei, die er im Moment einnehmen musste, außer Kraft gesetzt war. Glücklicherweise ließ sich dieses Problem lösen. Ein paar Tage später fuhr die Familie zu den anderen Großeltern nach Louisiana. Die Großmutter hatte gerade im Fernsehen eine Reportage über Assistenzhunde gesehen. Michelle sah ein, dass sich jetzt etwas ändern musste,

und bewarb sich bei der schon mehrfach erwähnten Organisation um einen Hund. Ihre Bemühungen wurden im Juni 2013 von Erfolg gekrönt, als ein neues, vierbeiniges Familienmitglied zu ihnen kam, die goldfarbene Golden-Retriever-Hündin Majesty.

Majesty warnt die Familie vor Anfällen, aber sie kann noch viel mehr, denn sie ist ein vielseitig ausgebildeter medizinischer Assistenzhund. Durch seine Gehirnfehlbildung hat Zachary viele Behinderungen, unter anderem Epilepsie, spastische Lähmungen, ADHS und eine leichte kognitive Störung. Eine Operation kommt für Zachary nicht infrage, daher ist sein Hund für ihn ein Gottesgeschenk.

Zacharys linke Seite ist schwächer als seine rechte und so kommt es zu Gleichgewichtsstörungen. Jetzt hat er Majesty, auf die er sich stützen kann, und wenn er hingefallen ist, kann er mit ihrer Hilfe wieder aufstehen. Er braucht nun keine Erwachsenen mehr zur Unterstützung, und das ist für ihn viel weniger peinlich, wenn er sich in der Öffentlichkeit bewegt.

Majesty hat es auch gelernt, negative Verhaltensweisen von Zachary zu stoppen. Die Fehlbildung in Zacharys Gehirn betrifft eine Region, von der die Gefühle gesteuert werden, und einige der Medikamente, die er nehmen muss, können sich ebenfalls negativ auf seine Emotionen auswirken. In der Vergangenheit kam es manchmal so weit, dass Zachary mit dem Fuß gegen Möbelstücke trat oder sogar seinen Kopf gegen die Wand schlug. Heute geht er einfach in sein Zimmer und ruft Majesty. Er hat gemerkt, dass sie ihm helfen kann und es ihm dann besser geht. Zachary hat die Kommandos gelernt, mit denen Majesty sein negatives Verhalten stoppt, und er hat sie etwas abgewandelt. Wenn er möchte, dass die Hündin sich auf seinen Schoß legt, um ihn zu beruhigen, sagt er nicht „Schoß", sondern „Platz". Dann weiß sie genau, was er meint, und tut, worum er sie gebeten hat. Er kann sie auch bitten, ihm ein Küsschen zu geben. Und manchmal ruft er seinen Hund, wenn er sich über seine jüngere Schwester Laura geärgert hat. Er erzählt Majesty alles und weiß, dass sie ihm „zuhört". Majesty

läuft auch sofort zu ihrem Jungen, wenn er weint. Überhaupt reagiert sie auf jedes weinende Kind.

Doch Majestys wichtigster Beitrag ist ihre Warnung vor Anfällen. Dadurch haben sich für Zacharys Behandlung neue, überraschende Möglichkeiten eröffnet. Majesty ist in der Lage, vor einem schweren Anfall bis zu zwölf Stunden vorher zu warnen. Je heftiger der Anfall, desto früher kommt die Warnung. In der Regel fängt die Hündin dann an, den Jungen abzulecken. Wenn kein Erwachsener dabei ist, bellt sie, bis jemand kommt. Sie weigert sich auch, Zachary zu verlassen, selbst wenn man es ihr befiehlt.

Diese Beobachtungen brachten Zacharys Neurologen auf eine Idee. Vielleicht konnten sie ja Majestys Vorwarnungen dazu benutzen, die schweren Anfälle abzuwenden, bevor sie eintraten. Bis zu diesem Zeitpunkt hatten Zacharys Eltern die Anweisung gehabt, ihm fünf Minuten nach Beginn eines Anfalls ein Notfallmedikament zu verabreichen. Nun arbeitete der Arzt einen Zeitplan aus, nach dem Zachary die Arznei bereits vor einem Anfall bekam. Das schien zu wirken. Durch das Medikament schlief Zachary ein, was bei seinem Gehirn eine Art Neustart bewirkte, sodass der Anfall gar nicht erst auftrat.

Der Erfolg dieser Vorgehensweise brachte wiederum Michelle auf eine Idee. Zachary erhielt jeden Tag Medikamente zur Vorbeugung eines Anfalls. Dadurch wurde er allerdings sehr müde, und dies hatte weitere unerwünschte Nebenwirkungen auf seine Muskelspannung, seine Stimmung und sein Verhalten. Doch nun, da Majesty mit im Boot war, war es vielleicht möglich, diese Medikamente allmählich abzusetzen und Zachary nur die Notfallmedizin zu geben, nämlich dann, wenn Majesty Alarm schlug?

Michelle informierte sich gründlich und zog drei verschiedene Ärzte zurate. Der dritte war Chefarzt einer neurologischen Abteilung. Er hatte noch nie so etwas unternommen und auch noch nie von einer solchen Vorgehensweise gehört, fand es aber einen Versuch wert. Unter *äußerst sorgfältiger* medizinischer Überwachung begannen sie in einem *sehr langsamen* Prozess,

die täglichen Medikamente zu reduzieren. Sobald die Anfälle häufiger wurden, musste die Dosis wieder auf die nächsthöhere Stufe heraufgesetzt werden.

Es war Anfang August, als ich Michelle für dieses Buch interviewte. Zachary nahm seit dem 2. Juni sein tägliches Medikament nicht mehr ein. In diesem zweimonatigen Zeitraum hatte Majesty dreimal vor einem bevorstehenden schweren Anfall gewarnt. Daraufhin wurde jeweils das Notfallmedikament verabreicht und es trat *kein Anfall* auf.

Um es noch einmal zu betonen: Zacharys Familie unternahm dies nur mit dem Rat und der Zustimmung eines hochkarätigen Spezialisten und unter enger, sorgfältiger medizinischer Überwachung. Es besteht keine Garantie, dass es weiterhin so gut funktionieren wird. Bei einem Kind gibt es ja nichts Festgelegtes – Kinder wachsen und verändern sich. Doch im Augenblick genießt Zachary jedenfalls die höchste Lebensqualität, die er je hatte. Er ist weniger müde. Er kann mehr spielen. Seine Muskelkraft und seine kognitiven Fähigkeiten haben sich verbessert. Und er hat weniger kleine Anfälle, die sich jeden Tag ereignen und die man in Zacharys Fall nicht unter Kontrolle bekommen kann. Michelle hat festgestellt, dass diese kleinen Anfälle eher auftreten, wenn Zachary müde ist, und weil er jetzt nicht mehr so müde ist wie vorher, wirkt sich das positiv aus.

Majesty fördert die Gesundheit der Familie auch noch in einem anderen wichtigen Punkt: Nun, da sie hier ist, um Zachary zu helfen, können sich die Eltern wieder mehr um seine kleine Schwester Laura kümmern. Außerdem gab es noch weitere positive Veränderungen, die aber nichts mit dem Hund zu tun haben: Wegen Zacharys gesundheitlicher Probleme wird sein Vater nicht mehr zu speziellen Einsätzen gerufen – zumindest vorläufig nicht. Die Familie ist nach Arkansas gezogen, um näher bei ihren Verwandten zu sein. Und eine gute Freundin von Michelle hilft bei der Betreuung der Kinder.

Doch das wichtigste Puzzleteil, mit dem sich die gesundheitliche Situation für Zachary und seine Familie grundlegend

verändert hat, ist ihre vierbeinige Heldin Majesty. Sie hat ihrem Menschen auf unerwartete Weise Heilung gebracht.

Die Geschichte von Zachary und seiner Familie erinnerte mich daran, dass Gott uns manchmal auf unerwartete und überraschende Weise heilen kann. Die Bibel ist voller Beispiele dafür, und ich möchte gern eines herausgreifen. In Lukas 6,27-28 sagt Jesus: „Liebt eure Feinde; tut denen Gutes, die euch hassen; segnet die, die euch verfluchen; betet für die, die euch Böses tun." Das geht ganz gegen unsere natürlichen Instinkte in solchen Situationen. Aber es kann für eine überraschende Heilung sorgen. Ein Beispiel dafür ist eine mit mir befreundete Familie. Ich habe schon in einem anderen Buch von diesen Menschen erzählt, aber es lohnt sich, ihre Erlebnisse hier zu wiederholen.

Als die Kinder meiner Freunde noch klein waren, hatten sie einen Nachbarn, der meinte, die Kinder machten zu viel Lärm. Eigentlich war das nicht der Fall, aber es gab trotzdem deswegen Spannungen. Das änderte sich, als Weihnachten kam. Der älteste Sohn meiner Freunde – er war damals sechs Jahre alt – fragte, ob sie nicht Kekse backen und welche nach nebenan bringen könnten. Die Eltern waren eher skeptisch, aber sie willigten ein. Als Vater und Sohn schließlich mit ihrem Geschenk kamen, war der Nachbar tief gerührt, entschuldigte sich bei ihnen und die Beziehung war wieder heil.

Ein wunderbarer Hund und ein guter Arzt, der es wagte, etwas außerhalb seiner eigenen Normen zu tun, verbesserten das Leben eines Kindes und seiner Familie. Gott hat uns in seinem Wort Verschiedenes aufgezeigt, das auch unser Leben verbessern kann. Es mag unerwartet und überraschend sein und vielleicht sogar unserer Intuition ganz widersprechen (vergleiche Jesaja 55,8-9). Aber vielleicht sind wir bereit, etwas Neues auszuprobieren und zu beobachten, wie Gott dadurch Heilung schafft. Er wird uns nicht hängen lassen.

Ein Weg aus der Sackgasse

*Der Ort, an den Gott dich beruft, liegt dort, wo dein tiefstes
Glück und der tiefste Hunger der Welt einander begegnen.*

Frederick Buechner

Vielleicht war es nicht das Ende der Welt, doch Kathy Miller
meinte, es bereits sehen zu können – mit ihrem geistigen Auge
jedenfalls. Mit ihren körperlichen Augen konnte sie nämlich
gar nichts mehr sehen. Sie konnte auch nicht mehr gehen oder
sprechen. Sie lag flach auf dem Rücken in einem Krankenhausbett wegen ihrer Multiplen Sklerose. Es war eine ausweglose
Situation und sie fragte sich: „Warum ich?"

Dann aber traf sie einen Goldendoodle-Welpen namens Gus.

Inzwischen konnte Kathy wieder ein wenig sehen und in
einem elektrischen Rollstuhl sitzen. Ihre Form von Multipler
Sklerose nennt man „schubförmig remittierend". Kathy hat
Phasen, in denen ihre Symptome sich verschlechtern (Schübe
genannt), doch zwischendurch können diese nachlassen oder
ganz verschwinden. Es ging ihr nun gut genug, um sich mit Gus
zu beschäftigen und sich in ihn zu verlieben. Die Züchterin,
eine Freundin von ihr, bot ihr an: Sie würde Kathy den Welpen
kostenlos überlassen, wenn Kathy sich verpflichtete, sich um
seine Ausbildung als ihren eigenen Assistenzhund zu kümmern.

Kathy willigte ein. Sie brachte Gus zu einem Training für
den Grundgehorsam, arbeitete aber auch selbst viel mit ihm.
Er musste die Begleithundeprüfung ablegen, um ein Assistenzhund werden zu können, und das tat er mit Bravour.

Kathy hat ihrem Hund vieles beigebracht. Er kann das Licht
an- und ausknipsen, Türen öffnen und schließen und Gegen-
stände bringen, um nur ein paar Beispiele zu nennen. Kathy benutzt einen Laserpointer, und worauf der Lichtstrahl fällt, das
holt Gus ihr. Dann belohnt sie ihn mit einem Leckerli, um den
Lernerfolg zu verstärken.

Das führte zu lustigen Situationen. Eines Tages beschloss Gus, dass er von nun an den Strom von Leckerlis selbst steuern würde. Er hatte gerade ein Kissen geholt und war dafür belohnt worden. Nun schleppte er unaufgefordert Kathys Hausschuhe, einen kleinen Teppich und eine Leinentasche mit der Post heran, häufte alles auf sein Frauchen und hoffte, damit noch mehr Leckerlis zu ergattern.

Gus hat auch gelernt, wie er für Kathy Hilfe holen kann, wenn es nötig ist. Kathy trainiert den inzwischen acht Jahre alten Rüden immer weiter. Zum Beispiel legt sie sich auf den Boden und ruft: „Gus, komm. Frauchen braucht dich." Dann sucht Gus eine Person, die helfen kann, bellt und führt sie zu Kathy.

Doch das wohl Wichtigste und Heilsamste, was Gus für Kathy getan hat, gehört nicht zu den eben beschriebenen Dingen. Gus hat Kathy einen neuen Lebenssinn und eine Aufgabe gegeben. Er hat sein Frauchen dazu inspiriert, sich in der tiergestützten Therapie zu engagieren und zusammen mit zwei anderen Frauen und deren Hunden dafür ein besonderes Team des Amerikanischen Roten Kreuzes zu gründen. „Mein ganzes Leben lang wurde mir immer gesagt, ich würde mein Potenzial nicht ausleben, doch jetzt tue ich es", erzählt mir Kathy.

Gus legte die Prüfung zum Therapiehund im Alter von zwei Jahren ab und erhielt ein Zertifikat einer Organisation für tiergestützte Therapie. Das besagte Team des Roten Kreuzes war ein zusätzlicher Schritt. Kathy engagierte sich ehrenamtlich beim Roten Kreuz und wurde zu einem Feuerwehreinsatz hinzugerufen. Gus als ihr Assistenzhund kam natürlich mit und da geschah etwas Wunderbares. Ein kleiner Junge stand in der Nähe des brennenden Hauses und weinte. „Alle Spielsachen, die der Weihnachtsmann mir gebracht hat, sind jetzt weg", sagte er. Dann fragte er Kathy: „Darf ich Ihren Hund streicheln?"

Eigentlich sollen Assistenzhunde, die sich im Einsatz befinden, nicht gestreichelt werden. Aber Kathy spürte, dass es nicht zusammenpasste, wenn sie zu Menschen am schlimmsten Tag ihres Lebens kam, um ihnen zu helfen, und ihnen dann nicht erlaubte, Gus zu streicheln. Also nahm sie Gus' Kenndecke, auf

dem ein Stoppschild abgebildet war, ab und ließ ihn zu dem Jungen gehen. Das Kind beruhigte sich und Kathy wusste, dass es Gus zu verdanken war. Diese Menschen und Hunde vom Roten Kreuz ergänzten einander wunderbar und brachten allen Trost und Hilfe, die es brauchten.

Kathy und ihr Team arbeiten häufig beim Militär unter der Schirmherrschaft des Roten Kreuzes. Sie besuchen Feste, Picknicke sowie Solidaritäts-Veranstaltungen und sind bei der Verabschiedung oder dem Empfang entsandter Truppen anwesend. Bei all diesen Gelegenheiten wird den Soldatinnen und Soldaten und ihren Familien Unterstützung angeboten im Zusammenhang mit der Entsendung in den Auslandseinsatz oder der Rückkehr nach Hause. Dabei werden Probleme angesprochen wie zum Beispiel posttraumatische Belastungsstörungen, Schädel-Hirn-Traumata, Suizidversuche, Beziehungsprobleme und finanzielle Schwierigkeiten. Informationen hierzu können Leben retten, aber nur, wenn die Leute davon wissen. Die Teilnahme an solchen Veranstaltungen ist nicht verpflichtend. Die Hunde haben sich in diesem Zusammenhang als Publikumsmagnete erwiesen. Die Teilnehmerzahlen haben sich schon zweimal verdoppelt, seit die Vierbeiner dazukamen.

Kathy hat auf diesen Veranstaltungen eine eigene Rolle. Sie steht am Mikrofon und erklärt den Zuschauern, welche Unterstützung das Rote Kreuz ihnen im Zusammenhang mit einem Auslandseinsatz anbietet. Bevor sie Gus hatte, fiel ihr das Reden in der Öffentlichkeit schwer. Multiple Sklerose wirkt sich negativ auf das Gedächtnis aus und Kathy hatte Angst, sich zu blamieren, wenn sie plötzlich vergaß, was sie sagen wollte. Doch mit einem Assistenzhund an ihrer Seite hat sie mehr emotionale Unterstützung; sie merkt, dass die Leute eher ihn anschauen als sie selbst. Sie weiß auch: Wenn sie ins Stocken gerät, wird es jemand aus ihrem Team bemerken und dort weitermachen, wo sie aufgehört hat – ein toller Zusammenhalt!

Kathy ist stolz auf die Anerkennung, die ihr Team schon bekommen hat – zweimal wurden sie vom amerikanischen Kongress ausgezeichnet, sie erhielten den Ehren-Quilt einer

Stiftung und noch weitere Zeichen der Wertschätzung. Doch was Kathy am meisten das Herz erwärmt, ist, wenn sie und das Team im Leben anderer Menschen eine positive Spur hinterlassen können. Das geschieht zum Beispiel bei ihrem Einsatz auf Militärbasen, wenn die Soldatinnen und Soldaten zu ihrem Auslandseinsatz aufbrechen oder von dort zurückkehren. Manchmal haben die Flugzeuge mehrere Stunden Verspätung. Das ist für die wartenden Angehörigen emotional oft schwer zu ertragen, vor allem für die Kinder, und hier bieten die Hunde eine willkommene Ablenkung. Die Leute lassen sich zusammen mit den Tieren fotografieren, sie lachen und umarmen ihre vierbeinigen Tröster, und das verändert die gesamte Stimmung.

Gus hilft auch noch auf andere Weise. Manchmal reden Menschen nicht so gern mit ihrem Arzt oder ihrer Familie über die Probleme, die sie haben, denn sie möchten andere nicht damit belasten. Aber mit einem Hund reden sie durchaus, und Gus ist ein guter „Zuhörer". Er wurde darauf trainiert, auf das Weinen eines Menschen zu reagieren, erzählt mir Kathy. Wenn die betreffende Person steht, schmiegt er sich an ihre Beine. Wenn sie sitzt, legt er ihr den Kopf aufs Knie – manchmal auch die Pfote, obwohl ihm das keiner beigebracht hat.

Auch Kathy gegenüber zeigt Gus sich sehr einfühlsam. Wenn sie einen Albtraum hat, weckt Gus sie auf. Er kommt und leckt ihr die Hand oder das Gesicht oder er stupst sie mit der Nase an. Rund um die Uhr ist er bei ihr wie ein zweites Ich.

Kathy kämpft weiter mit ihrer Krankheit und sie hat sowohl gute als auch schlechte Tage. Gus kann sie von diesem Leiden nicht befreien, aber er hat ihr Leben unendlich reicher gemacht und ein entmutigendes gesundheitliches Problem in einen neuen Weg verwandelt, auf dem ein Sinn und ein Ziel zu finden sind.

Das erinnert mich an den Apostel Paulus. Wir wissen nicht genau, welches Problem Paulus hatte, aber es muss so belastend gewesen sein, dass er Gott dreimal bat, ihn davon zu befreien. Anders als Gus hätte Gott auch die Macht dazu gehabt. Aber stattdessen sagte er zu Paulus: „Meine Gnade ist alles, was du

brauchst, denn meine Kraft kommt gerade in der Schwachheit zur vollen Auswirkung" (2. Korinther 12,9).

Paulus hatte große geistliche Gaben und Offenbarungen empfangen. Er war nun der Überzeugung, dass sein Leiden dazu bestimmt war, ihn von der „Krankheit" des Hochmuts zu befreien. An die Korinther schrieb er: „Daher will ich nun mit größter Freude und mehr als alles andere meine Schwachheiten rühmen, weil dann die Kraft von Christus in mir wohnt. Ja, ich kann es von ganzem Herzen akzeptieren, dass ich wegen Christus mit Schwachheiten leben und Misshandlungen, Nöte, Verfolgungen und Bedrängnisse ertragen muss. Denn gerade dann, wenn ich schwach bin, bin ich stark" (2. Korinther 12,9-10).

Was für ein erstaunliches Heilungskonzept! Gerade unsere Zerbrochenheit wirkt sich heilsam auf uns aus. Sie macht uns durchlässig, damit die Liebe und das Heil Christi durch uns hindurchfließen können, denn unsere eigene Kraft steht uns dann nicht mehr im Weg. Und wir können uns besser in andere Leidende hineinversetzen, die durch unser Vorbild ermutigt werden, ihre Herausforderungen zu bewältigen (vergleiche Philipper 2,13).

Kathy hätte es sich nie träumen lassen, dass die aussichtslose Situation damals in ihrem Krankenhausbett sich in einen neuen Weg verwandeln würde, dank ihrem wunderbaren vierbeinigen Freund. Wir können Gott bitten, uns mit seiner heilenden Hand anzurühren, um aus einer aussichtslosen Situation einen Weg zu machen, so wie für Kathy und Paulus.

Vom Segen, nachts geweckt zu werden

Wunder erzählen in kleinen Buchstaben dieselbe Geschichte, die über die ganze Welt geschrieben ist, in Buchstaben von einer Größe, dass mancher von uns sie nicht sehen kann.

C. S. Lewis

In manchen Zeiten grenzt die heilsame Berührung durch einen Hund an ein Wunder, finde ich. Die Geschichte von Violet und Amelie ist ein gutes Beispiel dafür. Der wohltuende Einfluss, den die beiden aufeinander haben, ist so rührend, dass man eine Gänsehaut davon bekommen könnte.

Violet ist eine junge Frau mit vielen gesundheitlichen Einschränkungen, darunter auch ein Typ-1-Diabetes. Sie erhielt die Diagnose im Alter von neun Jahren. Das Mädchen wuchs mit zwei Hunden im Haus auf und einer von ihnen, eine Dalmatiner-Hündin mit Namen Nikki, schien mit Violets Blutzuckerspiegel bestens vertraut zu sein. Schon als Welpe spürte sie, wenn Violets Werte zu niedrig waren. Dann weckte sie Violets Mutter auf und führte sie zum Zimmer ihrer Tochter. Doch dann nahm ein Onkel von Violet die Hündin mit, um sie zu trainieren, und in dieser Zeit musste irgendetwas geschehen sein, denn danach warnte Nikki ihre Familie nicht mehr.

Die Hunde aus Violets Kindheit sind schon lange gestorben, und ihre Mutter lebt inzwischen bei Violets Großvater in einem anderen Bundesstaat. Violet aber sehnte sich danach, wieder einen Hund zu haben, möglichst einen Dalmatiner oder einen Dalmatiner-Mischling. Sie ließ sich jedoch Zeit, denn sie wollte den richtigen Hund finden. Eines Tages sah sie im Internet ein Video von Amelie und fühlte sich sofort zu ihr hingezogen.

Amelie war ein acht Monate alter Dalmatiner-Mischling und gehörte einer Rettungshundestaffel an. Die Frau, bei der sie zu der Zeit in Pflege war, war ehrlich zu Violet und sagte ihr, dass

Amelie krank gewesen war und man bei ihr Staupe nachgewiesen hatte. Doch Violet ließ sich davon nicht abschrecken. *Wenn ich ein Hund wäre, dann wäre es für mich mit meinen ganzen Gesundheitsproblemen noch viel schwieriger, ein Zuhause zu finden,* dachte sie. Sie hoffte, dass Amelie ihre Krankheit überwinden würde. Und wenn nicht, dann würde sie dem jungen Hund zumindest für die Zeit, die ihm verblieben war, ein liebevolles Zuhause geben.

Mitte Dezember holte Violet Amelie zu sich. Zwei Tage später fuhr sie zusammen mit dem Hund zu ihrer Mutter und ihrem Großvater, um dort Weihnachten zu verbringen. Schon bald nach der Ankunft wurde Amelie krank. Ein Tierarzt stellte eine Lungenentzündung bei ihr fest. Die Tierklinik behielt sie da, behandelte sie, entließ sie und nahm sie kurz danach wieder auf, weil sie so kurzatmig war. An Heiligabend wurde sie das zweite Mal nach Hause entlassen – und in jener Nacht geschah das Wunder.

Amelie lag bei Violet im Bett. Es war in den frühen Morgenstunden. Plötzlich weckte Amelie Violet auf. Violet fühlte sich schwach – ein Zeichen, dass ihr Blutzuckerspiegel gefährlich niedrig war. Sie testete ihn und er lag bei 30. 70 ist der niedrigste Normalwert, wenn man längere Zeit nichts gegessen hat.

Violet rief nach ihrer Mutter, die ihr einen Saft brachte, um den Blutzucker zu erhöhen. Doch es wirkte nicht. Dann verlor Violet das Bewusstsein. Als sie wieder zu sich kam, hatte ihre Mutter den Rettungswagen gerufen. Die Sanitäter untersuchten sie und stellten fest, dass sie halbseitig gelähmt war. Violet hat manchmal Migräne, und in jener Nacht war sie mit Kopfschmerzen ins Bett gegangen. Sie kam ins Krankenhaus und die Ärzte erklärten ihr, die Lähmung käme von der Kombination aus Migräne und einem zu niedrigen Blutzuckerwert. Glücklicherweise wurde Violet wieder gesund, doch dieses Happy End hätte es nicht gegeben, wenn ihr Hund sie nicht geweckt hätte.

Amelie vollbrachte dieses Wunder noch ein zweites Mal – genau eine Woche bevor Violet mir ihre Geschichte erzählte. Weihnachten war vorbei und Violet war wieder zu Hause. Die-

ses Mal lag ihr Blutzuckerwert bei 35. Ihre Mitbewohnerin half ihr, ihn wieder zu normalisieren, und es wurde kein Krankenhausaufenthalt nötig.

Ich fragte Violet, ob Amelie sie vielleicht wecken wollte, weil sie ein Geschäft erledigen musste. War das Ganze nicht nur ein glücklicher Zufall? Auf keinen Fall, lautete die Antwort. Als Amelie sie an Weihnachten weckte, benahm sie sich nicht so, als ob sie sich erleichtern müsste. Sie wich Violet die ganze Zeit nicht von der Seite, als ob sie spürte, dass etwas ganz und gar nicht stimmte. Bei dem kurz vor unserem Gespräch erfolgten nächtlichen Alarm war es ähnlich. Bei einer anderen Gelegenheit saß Violet mit ihrem Hund in einem Café, als Amelie plötzlich unruhig wurde. Auch hier war der Blutzuckerwert ihres Frauchens zu niedrig.

Amelie ist nie zum Diabetikerwarnhund ausgebildet worden. Ob sie diese Aufgabe weiterhin so zuverlässig erfüllt, muss sich zeigen. Doch sie hatte auch in anderer Hinsicht schon einen heilsamen Einfluss auf ihre menschliche Freundin. Violet gilt als schwerbehindert und kann keiner geregelten Beschäftigung nachgehen, denn sie braucht mehr Ruhe als andere Leute. Und von ihren Ärzten bekommt sie nicht immer gute Nachrichten. All dies zieht sie manchmal ganz schön herunter. Wenn Amelie spürt, dass ihr Frauchen seelisch eine schwere Zeit durchmacht, kommt sie zu ihr und kuschelt mit ihr. Wenn Violet im Bett liegt, leistet Amelie ihr Gesellschaft und spielt ganz ruhig neben ihr. Amelies Gegenwart hat etwas Tröstliches für Violet; der Hund macht sie glücklich. Sie sagt, es ist ein großes Glück, dass sie dieses wunderbare Tier um sich hat.

Bei unserem Gespräch fragte ich Violet, ob sie an Gott glaubt. Sie antwortete mir, sie sei überzeugt, dass es ein höheres Wesen gibt, aber sie wisse nichts Genaueres. Sie glaubt, es war so etwas wie „Schicksal", dass Amelie in ihr Leben getreten ist. Aber würde sie es auch ein Wunder nennen? Violet ist das Wort *Segen* lieber. „Ich sehe Amelie als einen Segen an und jeder Tag mit ihr und jedes Mal, wenn sie mich rettet, ist es ein Segen", sagt Violet.

Ein Offizier aus dem 1. Jahrhundert wurde berühmt, weil seine Geschichte es bis ins Neue Testament geschafft hat. Er würde den heilenden Einfluss, den Jesus auf seinen Diener hatte, ohne Zweifel auch als Segen bezeichnen, ja sogar als ein Wunder (Lukas 7,1-10). Der Mann war ein Nichtjude, ein römischer Hauptmann. Und er war ein Freund Israels. Die führenden Männer der Juden kamen zu Jesus, um sich bei ihm für diesen Mann einzusetzen, und erzählten, dass er ihnen sogar eine Synagoge gebaut hatte. Sie baten Jesus, er möge doch zum Haus des Hauptmanns gehen und dessen hoch geschätzten Diener heilen, der im Sterben lag.

Jesus willigte ein, doch bevor er das Haus des Hauptmanns erreicht hatte, kamen ihm weitere Gesandte entgegen. Sie sagten ihm, der Hauptmann wolle Jesus keine Umstände bereiten und fühle sich nicht würdig genug, sich in seine Gegenwart zu begeben oder ihn in seinem Haus zu empfangen. Der Hauptmann vertraute darauf, dass sein Diener auch ohne einen persönlichen Kontakt zu Jesus von ihm geheilt werden könnte, wenn Jesus nur ein Wort sprach. Jesus wunderte sich laut über den bemerkenswerten Glauben dieses Mannes, und der Diener wurde geheilt, so wie sein Herr es erbeten hatte.

Ich wuchs in einer wissenschaftlich und rational geprägten Familie auf, in der Wunder nicht gerade die naheliegende Erklärung für ungewöhnliche Ereignisse waren. Doch nachdem ich fünfzig Jahre als Christin gelebt habe, sehe ich die Dinge etwas anders. Ich glaube, wir sind von viel mehr Wundern umgeben, als wir es uns träumen lassen. Wenn wir eines entdeckt haben, öffnet uns das die Augen für weitere.

Ich glaube auch, dass Wunder wie Schilder sind, die uns auf Gott hinweisen sollen. Jedenfalls gilt das für die Wunder, die Jesus tat. Natürlich sollten sie Leiden mildern, aber noch viel wichtiger war, dass sie den Anspruch von Jesus, der versprochene Messias zu sein, bestätigten. Sie sollten seine Botschaft untermauern, dass er am Kreuz für unsere Sünden sterben würde, damit wir durch den Glauben an ihn vom Tod zum Leben gelangen.

Ich denke, dass Wunder ein Segen sind, der uns zum Staunen bringt. Sie sollen uns auf Gott hinweisen und uns aufwecken, damit wir merken, dass wir seine Heilung brauchen (vergleiche Hebräer 2,3-4).

Eine neue Aufgabe

In dieser Welt ist keiner nutzlos, der die Last eines anderen erleichtert.

Charles Dickens

Mein Freund Scott sagt, das Post-Polio-Syndrom habe ihn Stück für Stück auseinandergenommen, doch das ist nicht das Ende der Geschichte. Gott gebrauchte Hunde, um Scott auf eine bestimmte Weise wieder heil werden zu lassen. Damit beginnt eine Geschichte, die von Gottes heilsamer Güte in unserem Leben erzählt – sein Markenzeichen.

Im Alter von vier Jahren bekam Scott Kinderlähmung und musste ins Krankenhaus. Er war vollständig gelähmt und konnte kaum atmen. Zuerst konnte er seine Beine wieder gebrauchen, dann seinen linken Arm. Sein rechter Arm war ein Problem. Seine Mutter trainierte mit ihm ein Jahr lang, bis er ihn zumindest ein wenig bewegen konnte, und er musste sich drei Operationen unterziehen, um mit der rechten Hand wieder greifen zu können. Scotts Wirbelsäule war auch betroffen, darum trug er jahrelang einen korsettartigen Stützapparat, in den ein Stab aus Stahl eingearbeitet war, damit sein Rücken wieder gerade wurde.

Doch die Kinderlähmung war nicht das einzige Problem, mit dem Scott zu kämpfen hatte. Die nächsten drei Jahrzehnte seines Lebens waren, um es mit seinen Worten auszudrücken,

„extrem stürmisch". Mit fünfeinhalb Jahren musste er entsetzt mit ansehen, wie sein jüngerer Bruder durch einen Stromschlag ums Leben kam. Als er im Teenageralter war, nahm sich ein Elternteil das Leben. Auch sonst bewegte sich die Familie in stürmischen Fahrwassern. Zum Teil als Reaktion auf all das glitt Scott ungefähr sieben Jahre lang in die Drogenszene ab. Doch im Alter von 36 Jahren vertraute er sein Leben Jesus an.

„Ich glaube, der Herr hat mich mein ganzes Leben lang zu sich gezogen, ich wusste es nur nicht", sagt Scott. Er genoss seine neue Beziehung mit Gott. Dann, als er in den Vierzigern war, stellten sich gesundheitliche Probleme bei ihm ein, die seine Ärzte später auf das Post-Polio-Syndrom zurückführten. Sein ganzer Körper geriet viel schneller als früher in Erschöpfung. Seine berufliche Tätigkeit war ebenfalls wenig befriedigend, und so überlegte er mit Ende vierzig, ob er nicht vorzeitig in Rente gehen sollte.

„In dieser Zeit meines Lebens war der Herr mir so nah, dass ich ihn fast berühren konnte", erzählte mir Scott. Er hatte zwei besondere Anliegen, die er im Gebet vor Gott brachte. Eines war seine vorzeitige Pensionierung, das andere war ein Golden Retriever – und zwar nicht irgendein Welpe, sondern einer, mit dem er sich in der tiergestützten Therapie für Kinder engagieren könnte. Gott öffnete ihm weit die Tür, als Scotts Firma ihm unerwartet ein hervorragendes Angebot für seinen vorzeitigen Ruhestand machte. So hatte er nun die Freiheit, sich ehrenamtlich zu engagieren. Ein Jahr nach seiner Pensionierung bekam er eine Hündin mit Namen La Vie, deren Intelligenz und Selbstbewusstsein Scott immer wieder erstaunte. Mehr als zehn Jahre arbeitete er Hand in Pfote mit ihr zusammen in der tiergestützten Therapie. Doch Scott ahnte nicht, dass all das Gute, das er und sein Hund an andere Menschen weitergaben, auch für ihn selbst eine heilende Wirkung entfalten würde!

Das hatte teilweise mit den körperlichen Auswirkungen des Post-Polio-Syndroms zu tun. Die genauen Ursachen der Krankheit sind noch nicht erforscht, doch die von den meisten Ärzten akzeptierte Theorie besagt, dass sie durch den allmähli-

chen Abbau von bestimmten Nervenzellen, den motorischen Neuronen, hervorgerufen wird. Diese Zellen helfen unserem Gehirn, Befehle an unsere Muskeln zu übermitteln. Wenn sie durch die Kinderlähmung geschädigt sind, regenerieren sie sich auf eine Weise, die sie anfälliger dafür macht, später im Leben komplett zu versagen. In welchem Alter dieser Zustand eintritt, ist sehr unterschiedlich; auch die Symptome selbst sind nicht immer gleich und ähneln manchmal denen anderer Erkrankungen. Darum ist eine sorgfältige medizinische Einschätzung und Diagnose notwendig. Bei Scott äußerte sich die Krankheit vor allem in einer den ganzen Körper betreffenden Schwäche und Erschöpfung sowie in Muskel- und Gelenkschmerzen. Nichts zu tun war nicht gut für ihn, aber zu viel auch nicht. Die tiergestützte Therapie bot ihm hier ein wunderbares Gleichgewicht.

Scott und La Vie waren zwar viel auf den Beinen, wenn sie Kinder im Krankenhaus besuchten, aber sie gingen immer nur kurze Strecken. Dann blieben sie stehen und verbrachten Zeit mit einem jungen Patienten, bevor sie dann zum nächsten Zimmer weitergingen. Scott ließ La Vie Kunststücke vorführen oder die Kinder durften den Hund streicheln. Da er selbst nicht lange stehen konnte, nahm er währenddessen in einem Stuhl Platz, wenn es einen gab. Er und La Vie arbeiteten auch nie mehr als zwei Stunden am Stück, sodass es für seinen Körper nicht zu anstrengend wurde.

Die tiergestützte Therapie hielt Scott auch in anderer Hinsicht auf Trab. Er ist nämlich von Natur aus recht ehrgeizig und aktiv. Er braucht eine Aufgabe, die er leidenschaftlich gern macht, und für jedes Projekt gibt er alles. Früher hatte er Rosen gezüchtet und hatte bis zu neunzig Rosenbüsche im Garten. Er pflanzte sie alle unter Beigabe einer bestimmten Erdmischung, die er selbst herstellte und die zehn Zutaten enthielt. Es war wie Kuchenbacken.

Doch irgendwann kam der Punkt, an dem Scott seine Gärtnerleidenschaft nicht mehr ausleben konnte, denn es wurde körperlich für ihn zu anstrengend. Aber er konnte sich in die Therapiearbeit stürzen. Mit großer Freude hörte er, wie eine

Mutter zu ihm sagte, ihre Tochter überstehe die Chemotherapie besser, wenn Scott und La Vie sie vorher besuchten. Und er erlebte es, wie junge Patienten zu lachen anfingen, wenn La Vie ein Kunststück vorführte, wie zum Beispiel den Kopf zu senken und ihre Pfoten auf einem Stuhl zum „Gebet zu falten". Scott meldete sich auch freiwillig für Einsätze in Gerichtssälen. Dann war es seine Aufgabe, mit seinem Hund zusammen beruhigend und entspannend auf die Kinder einzuwirken, die sich einer Befragung wegen einer möglichen Vernachlässigung oder wegen eines Missbrauchs unterziehen mussten. Wenn Scott all dies tat, dann erfüllte es sein Herz und die Freude floss über.

La Vie ist inzwischen elf Jahre alt und wurde aus der aktiven Therapiearbeit herausgenommen. Scott besitzt aber einen einjährigen Golden Retriever namens Eli, den er von klein auf trainiert hat. Eli wurde bei der Organisation registriert, für die Scott auch gemeinsam mit La Vie tätig war. Eli hat also von La Vie den Stab übernommen. Obwohl Scotts Post-Polio-Syndrom sich allmählich verschlechtert, ist er immer noch sehr aktiv in der Therapiearbeit. Er gestaltet sie heute nur etwas anders.

Eli ist ein ziemlich verrückter, aber ganz lieber Hund. Scott nimmt ihn mit zur Abschlussklasse einer sonderpädagogischen Einrichtung, wo die Kinder das Tier streicheln dürfen. Eli hilft Scott auch beim Besuch einer Grundschule, in der Scott den Kindern etwas über gemeinnützige Tätigkeiten erzählt. Und dann sind da noch am anderen Ende des Bildungsspektrums die Medizinstudenten an einem College, denen Eli in der Prüfungszeit hilft, zwischen den einzelnen Klausuren Stress abzubauen.

Dank der Therapiearbeit mit seinen Hunden ist Scott inzwischen auch als Ausbilder und Gutachter tätig. Damit hat sich ihm ein weiterer Weg eröffnet, wie er Kindern Gutes tun kann. Aufgrund seiner gesundheitlichen Einschränkungen braucht er inzwischen Hilfe, wenn er mit dem Hund und anderen Hundeführern zusammenarbeitet, und die bekommt er von Jugendlichen, die gemeinnützige Arbeit leisten sollen. Scott findet es gut, anderen zu helfen, damit sie selbst zu Helfern werden, und den Menschen, mit denen er arbeitet, gefällt es auch.

Man könnte sagen, dass Scott durch die sozialen Dienste, die er leistet, selbst aufblüht, und hier steht die Therapiearbeit an erster Stelle. Scott weiß gar nicht, was er ohne diese Aufgabe tun sollte. Und er weiß auch nicht, was er ohne den Spaß und das Lachen, das Eli in sein Leben bringt, tun würde.

„Oft haben Leute früher zu mir gesagt: ‚Scott, du bist einfach zu ernst'", erzählt er. Eli hat ihm in dieser Hinsicht gutgetan. „Er bringt mich so oft zum Lachen, wie ich es mir nie vorgestellt hätte", berichtet Scott schmunzelnd. „Er macht die verrücktesten Sachen."

Eli springt auf Scotts Bett, um mit ihm zu spielen, und geht nicht wieder herunter, bis er ein Leckerli bekommen hat. Er stibitzt auch gerne Kleidungsstücke vom Bett und versteckt sie. Der Hund ist vernarrt in alles Neue. Einmal besuchte Scott seine Schwester und dort flatterte ein brauner Schmetterling herum. Eli war absolut fasziniert und drehte sich im Kreis, um dem Insekt zu folgen. Seine Pfote schwebte nur wenige Zentimeter über dessen Flügeln. Mit diesen und vielen anderen lustigen Verhaltensweisen amüsiert Eli sein Herrchen immer wieder.

Was ich an Scotts Geschichte besonders mag, ist, dass Gott zwei Hunde dazu gebraucht hat, um den Verlust, den Scott in einem Bereich erlitten hatte, durch den heilsamen Gewinn auf einem anderen Gebiet auszugleichen. Etwas Ähnliches lesen wir auch im Alten Testament über einen jungen Israeliten namens Josef. Er wurde von seinem Vater Jakob bevorzugt und das gefiel seinen Brüdern überhaupt nicht. Am Ende verkauften sie Josef an Sklavenhändler, die ihn nach Ägypten mitnahmen. So verlor er seine Familie, sein Zuhause und seine Freiheit. Aber er hielt dennoch an Gott fest, suchte seine Führung und bemühte sich, seinem Besitzer treu zu dienen und ihm zu helfen. Er ließ auch dann nicht von Gott ab, als er zu Unrecht ins Gefängnis geworfen wurde. Doch selbst dort erwies Gott ihm noch seine Gunst und verlieh ihm die Fähigkeit, Träume zu deuten. Am Ende wurde Josef zum zweitmächtigsten Mann Ägyptens, nur der Pharao stand noch über ihm.

Josef rettete nicht nur Ägypten vor einer Hungersnot; Gott

gebrauchte ihn auch, um seine eigene Familie zu retten, auch seine Brüder, die ihm Unrecht getan hatten. Als sein Vater starb und seine Brüder befürchteten, dass er sich nun an ihnen rächen würde, sagte er zu ihnen: „Habt keine Angst! Ich maße mir doch nicht an, euch an Gottes Stelle zu richten! Ihr wolltet mir Böses tun, aber Gott hat Gutes daraus entstehen lassen. Durch meine hohe Stellung konnte ich vielen Menschen das Leben retten. Ihr braucht also nichts zu befürchten. Ich werde für euch und eure Familien sorgen" (1. Mose 50,19-21).

Verluste und „extrem stürmische Zeiten" gehören zum Leben in einer gefallenen Welt, doch das ist nicht das Ende unserer Geschichte, wie wir an Scott und Josef gesehen haben. Wenn wir Gott vertrauen und uns von ihm gebrauchen lassen, um anderen zu helfen und ihnen Gutes zu tun, wer weiß, welche Heilung dies uns selbst bringen kann? (Vergleiche Matthäus 10,39.)

TEIL III

WENN DER HIMMEL EINSTÜRZT, BRAUCHST DU EINEN HUND

Der Sanitätshund

Unser Gott ist in den Gestirnen des Himmels ebenso zu Hause wie in einem gebrochenen Herzen.

M. P. Ferguson

„Wie hilft dein Hund dir, wieder heil zu werden? Ich will es dir zeigen!" So flüstert es Gott Andrea ins Herz. Denn als sie den Border Collie ihrer Träume das erste Mal sah, ahnte sie noch nicht, wie intensiv Gott, der große Arzt, ihn gebrauchen würde, um ihr zu helfen.

Es war eine emotional schwierige Zeit gewesen. Andrea, ihr Mann Sam und ihre drei Kinder bereiteten sich auf die Rückkehr in die USA vor, nachdem sie drei Jahre in Schottland gelebt hatten. Dort hatte Sam eine Doktorarbeit in Theologie geschrieben. Es war schon schwer gewesen, ihre Heimat in Oregon und ihre Freunde zu verlassen, doch auch in Schottland hatten sie enge Beziehungen geschlossen. Nun sollten sie wieder entwurzelt werden. Außerdem hatte Andrea vor ihrer Abreise noch einen Berg von Dingen zu erledigen und manchmal drohte sie in einer Welle von Traurigkeit und Stress unterzugehen.

An jenem Abend hatte sie sich mit ein paar schottischen Freundinnen zum Essen getroffen, die sie nach der Rückkehr in die USA sicherlich schmerzlich vermissen würde. Als sie nach Hause kam, wartete Sam auf sie. „Darf ich dir etwas zeigen?", fragte er. Er drehte seinen Laptop um und ein toller kleiner Border Collie schaute sie vom Bildschirm aus an.

„Woher hast du das Foto? Wem gehört der Collie?", fragte Andrea überrascht.

„Das ist *dein* Welpe", grinste Sam.

Andrea war völlig aus dem Häuschen. Drüben in den USA hatten sie eine Border-Collie-Hündin gehabt, aber sie war schon alt gewesen, als sie nach Schottland gehen wollten, und so hatten sie es für besser gehalten, sie bei Andreas Mutter zu lassen.

Vor ein paar Monaten hatten sie erfahren, dass Laska gestorben war. Die ganze Familie freute sich darauf, einen Welpen zu bekommen, wenn sie wieder in den USA waren, und Andrea hatte sich in die dreifarbigen Border Collies verliebt, die in Schottland so häufig zu sehen waren. In den USA traf man sie viel seltener an. Der Plan war, dass sie sich in Oregon einen Wurf ansehen wollten, der bald nach ihrer Rückkehr geboren werden sollte. Die Welpen würden aller Wahrscheinlichkeit nach schwarz-weiß sein. Wenn sie einen Welpen aus diesem Wurf bekommen konnten, dann hätten sie noch Zeit genug, sich erst einmal wieder einzuleben, bevor sie ihren neuen vierbeinigen Freund zu sich holten. Es sah nach einem perfekten Timing aus.

Gottes Timing war allerdings noch viel besser!

Andrea und Sam sind gute Freunde von mir. Ich hatte für sie im Internet nach Border Collies gesucht. Eines Tages stieß ich auf einen Wurf, der in Arizona zur Welt gekommen war. Zwei Rüden waren noch zu vergeben, und einer davon war dreifarbig. Seine Züchterin hätte ihn am liebsten selbst behalten, doch er schien keinen sehr ausgeprägten Hütehund-Instinkt zu besitzen und so beschloss sie, ihn als Familienhund abzugeben. Sein Gesicht hatte Andrea auf Sams Laptop gesehen. Andrea und Sam ließen sich den Welpen reservieren und nannten ihn Cuillin nach einer Bergkette in Schottland, die sie gerne mochten.

Andrea wusste, dass Cuillin ein Geschenk Gottes war, doch bald schon sollte sie erfahren, dass ihr neuer Hund auch zu ihrer Heilung beitragen würde. Sie war tieftraurig bei dem Gedanken, sich von ihren Freunden verabschieden zu müssen. Der Welpe, den sie bald kennenlernen sollte, wurde für sie zum Ziel, auf das sie hinlebte. Der Gedanke an ihn gab ihr Trost, wurde zur Inspiration, die sie anspornte. Cuillin war wie ein Zeichen für das schöne neue Leben, das sie in Oregon erwartete. Durch ihn fand Andrea die Motivation weiterzumachen. Bald schon würde sie ihn kennen- und lieben lernen und sich von diesem kleinen Bündel Freude lieben lassen! Das erste Treffen fand sogar schon früher statt, als ich es erwartet hatte.

Mein Plan hatte so ausgesehen, dass meine Freunde sich erst

einmal Zeit zum Wiedereinleben in den USA nahmen und dann erst ihren neuen Hund abholten. Sie aber beschlossen, ihn gleich zu sich zu nehmen. Ich hatte ganz vergessen, dass Andreas Vater und Schwester in Arizona wohnten. Wie sich herausstellte, lebte Cuillin nur wenige Kilometer von ihnen entfernt. Sam und Andrea hatten vor, nach Los Angeles zu fliegen, eine Woche bei Verwandten dort zu verbringen und danach nach Oregon zu fahren. Die Stadt Blythe in Kalifornien liegt etwa auf halber Strecke zwischen Sams und Andreas Familie. Und so brachten Andreas Vater und ihre Schwester Cuillin nach Blythe und übergaben den Hund dort.

Ich fürchtete zunächst, die Familie würde sich mit dem neuen Hund zu viel zumuten, und sogar Sam hatte zwischendurch Zweifel, ob das nicht alles ziemlich verrückt war. Doch Andreas großer Arzt im Himmel wusste es besser. Andrea musste bald eine schwere Krise durchmachen, die sie in ein Meer der Angst warf. Cuillin sollte der Rettungsring sein, der ihr half, den Kopf über Wasser zu halten, mitten in den hohen Wellen, die unerwartet über sie hereinbrachen.

ANDREA UND CUILLIN

Schon in Schottland hatte Andrea beunruhigende gesundheitliche Symptome gehabt, aber es konnte nichts Gravierendes bei ihr entdeckt werden. Auf der Fahrt nach Oregon wurde sie plötzlich krank. Als sie das Ziel ihrer Reise erreichten, war sie völlig erschöpft und ihre Gelenke waren geschwollen. Am Abend waren sie angekommen und morgens um acht musste sie ins Krankenhaus. In den darauffolgenden Wochen wurden viele Untersuchungen durchgeführt und schließlich erhielt Andrea die Diagnose: systemischer Lupus.

Der systemische Lupus ist eine Autoimmunerkrankung. Er kann jeden Bereich des Körpers treffen und dort Schaden anrichten. Die Erkrankung tritt in Schüben auf, dazwischen liegen Phasen, in denen die Symptome nachlassen. Wie schwer die Erkrankung verläuft, ist unterschiedlich. Von milden bis zu verheerenden gesundheitlichen Folgen ist alles möglich, im schlimmsten Fall wird es lebensbedrohlich.

Andrea war durch diese Nachricht am Boden zerstört. Sie klammerte sich an Gott und an ihre Familie. Doch es gab noch eine wunderbare Quelle des Trostes für sie, während sie versuchte, mit der schwierigen Situation zurechtzukommen: ihr neuer vierbeiniger Freund.

„Gott ist so besonders", meinte Andrea zu mir. „Er wusste, dass ich zu Hause sein musste, als ich diese schreckliche Nachricht zu hören bekam, und nicht in einem fremden Land. Und er wusste, dass ich diesen Welpen brauchen würde, um das durchzustehen. Ich nahm den Kleinen hoch, ließ ihn meine Liebe spüren, und er leckte mein Gesicht ab. Mit ihm konnte ich allem eine Zeit lang entfliehen. Auch Sam und die Kinder waren natürlich ein großer Trost für mich, aber Cuillins Trost war einfach anders."

Das Tröstliche bestand zum Teil darin, dass sie Gottes Liebe durch ihren Hund erfahren konnte. „Gott hatte alles schon vorbereitet, bevor ich krank wurde. Er wollte, dass ich seine Hand in allem erkennen konnte. Wenn ich zurückschaue, dann bin ich von seiner Fürsorge überwältigt", sagt sie.

Die Fürsorge zeigte sich sogar noch darin, dass schmerzliche

Kindheitserfahrungen geheilt wurden. Andreas erste Lebensjahre in Arizona waren schwer gewesen. Nun aber ist Arizona für sie nicht mehr nur der Ort, den sie mit alten Wunden in Verbindung bringt, sondern an dem ihr wunderbarer Welpe geboren wurde – und das macht einen großen Unterschied.

Gott wählte einen bestimmten Hund an einem bestimmten Ort zu einem bestimmten Zeitpunkt aus, um Andrea zu helfen. Das erinnert mich an eine Begebenheit, die in der Bibel erzählt wird, nämlich wie Jesus Simon Petrus auf ganz besondere Weise innerlich heilte. Wie Andrea sah Petrus einen schweren Verlust auf sich zukommen. Jesus, den er sehr liebte, hatte ihm und den anderen Jüngern gesagt, dass er an einem Kreuz sterben würde. Er hatte zwar auch angedeutet, dass er wieder von den Toten auferstehen würde, aber das verstanden Petrus und die anderen Jünger noch nicht. Ihr geistlicher Computerbildschirm zeigte ihnen nur ein verschwommenes Bild, und so konnten sie Gottes Erlösungsplan noch nicht deutlich erkennen.

Petrus wusste auch nicht, dass er unter einer schweren geistlichen Blockade litt. Sein Problem waren nämlich Selbstüberschätzung und Stolz. Er dachte, er könnte treu zu Jesus halten, egal was käme, selbst wenn der Druck so groß wäre, dass alle anderen Jünger darunter einknickten. Doch Jesus wusste es besser und warnte Petrus in Markus 14,30: „Ich sage dir: Noch heute Nacht, bevor der Hahn zweimal kräht, wirst du mich dreimal verleugnen." Zusammen mit dieser harten Diagnose lieferte Jesus Petrus jedoch auch einen Hoffnungsschimmer: „Simon, Simon, der Satan hat sich erbeten, euch schütteln zu dürfen wie den Weizen im Sieb. Ich aber habe für dich gebetet, dass du deinen Glauben nicht verlierst. Wenn du dann umgekehrt und zurechtgekommen bist, stärke den Glauben deiner Brüder" (Lukas 22,31-32).

Tatsächlich verleugnete Simon Petrus seinen Herrn. Und sein letzter geistlicher „Bluttest" kam gerade rechtzeitig. Nach der dritten Verleugnung krähte der Hahn und Petrus erkannte, dass die Worte von Jesus sich bewahrheiteten. Da weinte er bitterlich.

Doch damit endet die Geschichte nicht. Als der Sabbat vorüber war, gingen drei Jüngerinnen von Jesus mit Salbölen zum Grab, um seinen Leichnam einzubalsamieren. Doch der Leichnam war verschwunden. Stattdessen trafen sie dort einen Engel, der ihnen eine besondere Botschaft überbrachte: „Er ist auferstanden, er ist nicht hier. Seht, da ist die Stelle, wo man ihn hingelegt hatte. Geht nun zu seinen Jüngern und sagt zu ihnen, *auch zu Petrus:* ‚Er geht euch nach Galiläa voraus. Dort werdet ihr ihn sehen, wie es euch angekündigt hat'" (Markus 16,6-7, Hervorhebung durch die Autorin).

Jesus richtete Petrus innerlich wieder auf, indem er ihn dreimal bat, ihm seine Liebe zu bestätigen. Petrus wurde später zum geistlichen Leiter der frühen Kirche. Doch dieses Amt übte er anscheinend mit neuer Demut und Selbsterkenntnis aus. Womit der Satan Petrus hatte schaden wollen, das gebrauchte Gott, der große Arzt, zum Besten für Petrus. Er heilte Petrus von seinem überzogenen Selbstbewusstsein und seinem unangemessenen Vertrauen auf die eigenen Fähigkeiten. Nun wurde Petrus zu einem wahrhaft guten Hirten für die anderen Gläubigen.

Andrea weiß, dass Gott auch in ihrem Leben alles zu ihrem Besten gestalten will. Zurzeit ist sie frei von Krankheitssymptomen. Sie und ihr Mann tun das, was er geraten hat, als er von ihrer Diagnose erfuhr. Erst weinte er, dann küsste er sie und sagte: „Heute entscheiden wir uns für die Freude. Und morgen, wenn wir aufwachen, schauen wir einander an und entscheiden uns wieder für die Freude. Und das machen wir an jedem Tag, den wir gemeinsam haben."

Egal wie unsere Lebensumstände aussehen, wir alle können uns für die Freude entscheiden, wenn wir auf die Liebe unseres großen Arztes und auf sein besonderes heilendes Wirken in unserem Leben vertrauen (vergleiche Psalm 139,15-16). Wir dürfen uns auch an sein Versprechen halten, dass er uns endgültig heilen wird, wenn wir in seine Gegenwart treten. Und er wird jedem von uns das geben, was wir brauchen, damit unser Glaube an seine Fürsorge gestärkt wird – so wie er Andrea ihren „Sanitätshund" gegeben hat.

Ein sicherer Hafen im Sturm

Sei du der Regenbogen in den Stürmen des Lebens. Der abend-
liche Lichtstrahl, der die Wolken hinweglächelt und den kom-
menden Morgen mit seinem prophetischen Leuchten färbt.

Lord Byron

Bis zum Jahr 2008 dachten die Amerikaner, wenn sie „Ike" hörten, am ehesten an ihren einstigen Präsidenten Eisenhower, der
diesen Spitznamen trug. Das alles änderte sich schlagartig im
September jenes Jahres, als ein Hurrikan der Stärke 4, ebenfalls
„Ike" genannt, Teile von Louisiana, Texas, Mississippi und Flo-
rida verwüstete. Der Sturm selbst war schon schlimm genug,
doch der emotionale Sturm, der darauf folgte, hinterließ ebenfalls horrende Schäden. Manchmal schien es, als ob die Flut der
traurigen Gefühle, von denen die Opfer überwältigt wurden,
nicht nachlassen würde. Dazu kam die Belastung, in einem
Evakuierungszentrum leben zu müssen und nicht zu wissen, ob
das eigene Haus noch stand. An dieser Stelle kam die Hundestaffel eines Kriseninterventions-Teams ins Spiel. Sie wurde
zu einem Ruhepol inmitten dieses emotionalen Hurrikans, indem sie den Menschen Augenblicke des Trostes vermittelte, die
sie so dringend brauchten.

Drei Teams von Hundeführern und eine Teamleiterin ohne
Hund wurden zu dem Lager geschickt, das als Evakuierungszentrum diente. Sie alle waren durch eine Hilfsorganisation
zertifiziert und entsandt worden. Kris und ihr Golden Retriever
Titus gehörten diesem Team an, ebenso ihr Kollege Chris mit
seiner Hündin Daisy. Sie waren mit dem Flugzeug aus Virginia
gekommen, um für die Not leidenden und aufgewühlten Menschen wie ein ruhiger Hafen inmitten des emotionalen Sturms
zu sein. Aus Missouri kam Amy mit ihrem Hund Cabernet
dazu.

Das Lager war groß; das Rote Kreuz hatte fünfhundert Men-

schen dort untergebracht. Sie wurden vorab über die Ankunft der Hundestaffel informiert. Nicht wenige von ihnen hatten während des Sturms in ihren Häusern ausgeharrt und waren anschließend evakuiert worden. So wurden viele Leute zusammengewürfelt und sie besaßen kaum etwas.

Waren die Hunde in dieser Notsituation also nur wie ein Tropfen auf den heißen Stein? Nein, sie waren viel mehr als das. Als die drei Teams durch das Lager gingen, strömten die Leute auf sie zu und fingen an, die Hunde zu streicheln. Gale, die Teamleiterin, bat ihre Mitarbeiter, in Sichtweite zu bleiben, damit sie sie beobachten und dafür sorgen konnte, dass Mensch und Tier ihre wohlverdienten Pausen bekamen.

Für viele der Evakuierten waren die Hunde eine Brücke der Kommunikation, durch die sie ihre Gefühle ausdrücken konnten. Manche von ihnen hatten ihre Tiere zurücklassen müssen. Die meisten waren mit Bussen hergebracht worden und hatten daher kein privates Transportmittel zur Verfügung. Sie konnten nirgendwohin gehen und ihre Gefühle konnten es auch nicht. Sie kamen sich eingesperrt vor und das ließ die Frustration wachsen. Manche Menschen weinten, streichelten die Hunde und redeten mit ihnen. Viele wollten erzählen, was sie erlebt hatten.

Ein Mann schien es besonders schwer zu haben. Er fühlte sich verloren, war einsam und zornig. Er sah anders aus als die anderen und hatte nicht nur seinen gesamten Besitz verloren, sondern war auch von denen getrennt worden, zu denen er passte. Andere scheuten vor ihm zurück, denn er war groß und wirkte einschüchternd. Titus aber war es ganz egal, wie der Mann aussah; er merkte einfach nur, dass dieser Mensch ihn brauchte. Der Mann freute sich über die Zuneigung, die der Hund ihm entgegenbrachte, und sagte zu Titus, keiner verstehe ihn wie er, sein neuer vierbeiniger Freund.

Chris und Daisy trafen auf eine Gruppe von Kindern, während sie zwischen den Gebäuden durchgingen. Die Kinder kamen auf sie zu, streichelten Daisy und plauderten, wie Kinder es tun, ohne etwas von ihrer Verzweiflung preiszugeben, die

direkt unter der Oberfläche schwelte. Plötzlich sagte eines von ihnen: „Ich weiß gar nicht, ob es zu Hause überhaupt noch irgendetwas gibt, wenn wir zurückkommen."

In dem Lager gab es nur ein einziges Telefon und davor hatte sich eine riesige Schlange von Menschen gebildet. Sie wollten Kontakt mit den Behörden aufnehmen, um zu erfahren, ob ihre Häuser noch standen. Das allein schon verursachte Frustration und Spannungen. Die Hunde beruhigten die genervten Menschen und nahmen ihre aufgewühlten Emotionen auf, indem sie mit ihnen kuschelten und ihnen auf den Schoß kletterten.

Kris erinnert sich an einen Abend ganz besonders. Die Hunde-Teams waren für einen Tag zu einem anderen Einsatz des Roten Kreuzes entsandt worden. Als sie zurückkamen, fragte der Mitarbeiter am Eingangstor, wo sie denn gewesen seien, er habe den ganzen Nachmittag nach ihnen gesucht. An jenem Tag sollten die Leute, die in dem Evakuierungszentrum lebten, eigentlich wieder in ihre Häuser zurückkehren, doch dann erfuhren sie, dass es noch nicht gehen würde. Sie fühlten sich gegen ihren Willen festgehalten und waren aufgebracht.

Die Teamleiterin Gale blieb ruhig, dankte dem Mitarbeiter und beriet sich mit ihren Kollegen. Es war ein langer, ermüdender Tag für die Hunde und die Menschen gewesen. Wollten sie noch einmal hinaus unter die Leute gehen? Alle sagten Ja.

Die Polizeikräfte in dem Lager waren verstärkt worden, um die Lage ruhig zu halten, doch Gale stellte trotzdem noch zusätzliche Sicherheitsregeln auf. Da es schon dunkel wurde, ordnete sie an, dass die Teams in den beleuchteten Bereichen bleiben und sich nicht mehr als 15 Meter voneinander entfernen sollten.

Man hatte Burger, Hotdogs und Musik in das Lager gebracht, um die Stimmung aufzubessern. Kris und Titus fingen an, mit den Leuten zu plaudern und zu tanzen. Der Mann, der in Titus vernarrt war, war extrem aufgebracht und kurz vor dem Explodieren, doch sobald er seinen vierbeinigen Freund streicheln konnte, entspannte er sich wieder. Auch andere Leute lächelten und wurden ruhiger, während sie mit den Hunden zusammen waren. Selbst die Mitarbeiter des Roten Kreuzes fragten, ob sie die Tiere streicheln dürften. Sie waren schon lange von zu Hause weg und die Anwesenheit der Hunde tat auch ihnen gut.

Wenn Kris über ihren Einsatz damals nachdenkt, ist sie immer noch sehr berührt. „Ich kann mir gar nicht vorstellen, wie es ist, wenn man alles verliert: seinen Job, die Gemeinschaft, die ganze Existenz", sagte sie im Gespräch mit mir. „Die Menschen waren tief aufgewühlt. Die Hunde standen in gewissem Sinn für ein normales Leben, wie es vorher gewesen war. Die Leute konnten den Tieren ihre Ängste und Sorgen erzählen und sich ihnen anvertrauen. Mütter mussten für ihre Kinder stark sein. Väter mussten sich zusammenreißen, um ihre Familie leiten zu können. Doch die Hunde sorgten für einen Ausgleich. Jeder konnte sich bei ihnen gehen lassen und sein Herz ausschütten, denn bei ihnen fühlte man sich gut aufgehoben."

Über jenen besonderen Abend sagt Kris: „Jesus weiß, dass das gemeinsame Brotbrechen heilsam ist, und so war es damals auch. Wir aßen miteinander, hörten Musik und lachten, und das baute die Menschen auf. Titus und ich gaben die Clowns und tanzten wie Verrückte herum. Die Leute entspannten sich, ließen ihre Ängste und ihren Ärger los und lachten. An dem Abend war es kein Haufen verlorener Menschen mehr, sondern eine große Familie, die Leid und Freude miteinander teilte."

Kris und Chris erklärten mir, dass die Hunde in solchen Situationen die Emotionen von allen Seiten in sich aufnehmen. Man kann nicht einfach irgendwelche Menschen und Hunde in solche Einsätze schicken. Das Team muss vorher gut ausgewählt und in speziellen Kursen ausgebildet werden. Die Hunde werden geprüft, denn nicht alle Tiere, die in der Therapiearbeit tätig sind, können den zusätzlichen Stress einer Krisenintervention verkraften. Die menschlichen Mitglieder des Teams müssen lernen, zuzuhören und Körpersprache richtig zu interpretieren. Die Hunde sind wie ein Kanal, durch den vieles hindurchgeht, und ihre menschlichen Partner müssen die Situation richtig einschätzen und Entscheidungen treffen. Will die Person, mit der sie es gerade zu tun haben, nur den Hund

streicheln oder braucht sie ein Gespräch? Wie erkennt man, ob ein Mensch professionelle Hilfe nötig hat? Braucht der Hund eine Pause oder sollte man für den Tag lieber ganz aufhören? Es ist ein Balanceakt.

Als ich darüber nachdachte, wie diese Krisenintervdentions-Teams für die Menschen ein sicherer Hafen im Sturm sind, erinnerte mich das daran, dass Gott unsere Zuflucht in der Not ist. Er bietet uns eine heilsame Ruhe und Trost an, egal wie mitgenommen wir körperlich oder seelisch sind. In Jesaja 25,4-5 sagt der Prophet zu Gott: „Die Armen und Schwachen finden Zuflucht bei dir; dort sind sie sicher in Zeiten der Not. Du gibst ihnen Schutz wie ein Dach im Wolkenbruch, wie kühler Schatten in der Mittagshitze. Das Wüten der Gewalttäter gleicht dem Gewitterregen, der an die Mauern prasselt, es ist so unbarmherzig wie die Sonne, die in der Wüste vom Himmel brennt."

In Psalm 57,2 hat David sein Gebet zu Gott festgehalten, das er sprach, als er sich vor König Saul in einer Höhle versteckte, um nicht getötet zu werden: „Sei mir gnädig, o Gott, sei mir gnädig! Denn bei dir ist meine Seele geborgen, im Schatten deiner Flügel will ich mich bergen, bis die tödliche Gefahr vorüber ist."

Gott stillt nicht immer die Stürme des Lebens, aber er kann den Sturm in unserem Herzen stillen. Er kann uns mitten im Chaos Frieden schenken. Statt uns von unseren Belastungen erdrücken zu lassen, können wir heilenden Trost darin finden, dass wir wissen: Für ihn ist kein Sturm zu heftig, keine See zu rau, als dass er nicht damit fertigwürde. Er kennt unser Herz und unseren Verstand. Er weiß, was wir in jedem Moment brauchen. Gott wird nie müde und braucht keine Pause. Wenn wir ihm unser Leben anvertrauen, verspricht er, uns niemals zu verlassen oder im Stich zu lassen (siehe 2.Samuel 22,31).

Wenn schon Hunde wie Titus oder Daisy mitten in einer Katastrophe so viel Heilsames bewirken können, wie viel mehr vermag es der Herr der ganzen Schöpfung!

Wie man Berge versetzt

Heile manchmal, behandle oft, tröste immer.
Hippokrates

Nach einem massiven Erdrutsch gab es zwei Berge, die zu beseitigen waren. Der eine war der Berg, der die Straße unter sich begraben hatte, der andere war der Berg an Stress, Leid und Trauer, den diese Katastrophe mit Toten, Verletzten und ungeheurer Zerstörung verursacht hatte. Um diesen zweiten Berg zu versetzen, brauchte es den vollen Einsatz eines Teams und die heilsame Ausstrahlung einer besonderen Gruppe von Hunden.

Die Hunde gehörten zu einem Kriseninterventions-Team. Rachel und ihr Labrador Pickles waren das erste Hundeteam, das am Unglücksort eintraf. Rachel hatte am Morgen einen Fernsehbericht über den Erdrutsch gesehen und schrieb daraufhin eine SMS an eine Freundin, die zum Kriseninterventions-Team gehörte. Wurden sie und Pickles benötigt? Ja! So schnell wie möglich!

Pickles und sein Frauchen haben eine besondere Ausbildung absolviert und sind Mitarbeiter einer Hilfsorganisation, die eine tiergestützte Krisenintervention anbietet. Die Aufgabe der Hunde in solchen Situationen besteht in erster Linie darin, den Menschen den Trost zu bringen, den sie so dringend brauchen. Sie helfen auf diese Weise nicht nur den Opfern einer Katastrophe, sondern auch den Helfern, die unter großem Druck stehen und selbst traumatisiert sein können durch das, was sie sehen und hören. „Was wir tun, ist sehr simpel, aber auch äußerst wirksam", sagt Rachel. „Wir bauen eine Brücke der Kommunikation zu Menschen, die durch traumatische Ereignisse gegangen sind."

Als Rachel und Pickles ankamen, gingen sie direkt zur Einsatzzentrale und wurden erst einmal herumgeführt. Sie brauchten mindestens eine halbe Stunde für ihre Runde durch diesen

riesigen Konferenzsaal, in dem sich viele Mitarbeiter befanden. Oft wurde Rachel dabei gefragt, welche Aufgabe der Hund habe. „Sie zu trösten und zum Lächeln zu bringen", antwortete sie dann. Und das fanden die Mitarbeiter gut!

Pickles war gleich so beliebt, dass die Leute baten, doch mehr Hundeteams herzuschicken. Als die Katastrophe vorüber war, hatten 45 solcher Teams an verschiedenen Orten in dem Katastrophengebiet am Einsatz teilgenommen.

Wie aber gelang es den Hunden, die Menschen zu trösten? Ein paar „Schnappschüsse" aus Rachels Arbeit sollen uns einen Eindruck vermitteln.

An einem Tag stand sie am Eingang der Einsatzzentrale, die bis zum Bersten mit Menschen gefüllt war – und mit deren Emotionen. Die Mitarbeiter nahmen Anrufe von Leuten entgegen, die nach Angehörigen im Katastrophengebiet suchten. Rachel hatte nicht den Eindruck, dass jetzt der geeignete Zeitpunkt war, zu den Menschen zu gehen, aber ihr Hund war da anderer Meinung. Pickles bahnte sich einen Weg durch die Menschenmassen und ließ sich neben einer bestimmten Mitarbeiterin nieder. Die Frau streichelte sie, dann nahm sie das Telefon ab. Pickles schlüpfte unter den Tisch und legte ihren Kopf auf den Oberschenkel der Frau. Die Mitarbeiterin beendete das Telefonat und brach in Tränen aus. Irgendwie hatte Pickles das vorher gespürt. Mit ihrem Instinkt hatte sie ein emotionales Bedürfnis erfasst, das Menschen vielleicht nicht bemerkt hätten.

Rachel beobachtet immer wieder, dass die Hunde ein Gespür dafür haben, wem sie helfen sollen. Ein Mensch sagt vielleicht: „Mir geht es gut", doch der Hund weiß es besser und geht zu ihm hin. Rachels zweiter Hund, mit dem sie sich in der Krisenintervention engagiert, ist ein Labrador-Rüde namens Bungee. Er wechselt sich bei Einsätzen mit Pickles ab. Bungee hat die Angewohnheit, das Bein oder die Hand eines Menschen mit der Nase zu berühren. Meistens sagen die betreffenden Personen dann, dass es ihnen gutgetan hat. Dank der Zuwendung, die sie von dem Hund erfahren haben, können sie neue Kraft sammeln und ihre nächste Aufgabe in Angriff nehmen.

Ein Leiter der Einsatzzentrale kannte die Arbeit der Krisen-interventions-Hunde noch nicht, aber er war von dem, was sie bewirkten, so beeindruckt, dass er hoffte, nie wieder eine Einsatzzentrale ohne sie einrichten zu müssen!

Die Hunde besuchten auch die Mitarbeiter, die mit Fahnen in der Hand an einer provisorischen Straße den Verkehr regelten. Die Straße war angelegt worden, damit Suchtrupps in das Katastrophengebiet gelangen konnten. Die Mitarbeiter mochten die Hunde sehr. Sie erhielten von den Hundeführern zur Erinnerung Visitenkarten der Tiere ausgehändigt und das bedeutete diesen Menschen sehr viel.

Einmal besuchten Rachel und Bungee die Leute auf der Ostseite des Katastrophengebiets. Eine Frau kam ganz verzweifelt in die Einsatzzentrale. Sie sah Bungee, kniete sich hin, umarmte ihn und weinte. Es stellte sich heraus, dass sie ihre Kinder nicht mehr finden konnte. Sie hatte mit ihnen Schlange gestanden, die Kinder waren spielen gegangen und dann hatte sie sie aus den Augen verloren. Bungee streicheln zu dürfen beruhigte sie so weit, dass sie überhaupt in der Lage war, ihre Not zu schildern. Glücklicherweise erhielt sie ihre Kinder dann wohlbehalten zurück.

Die Hunde wirkten auch beruhigend auf einen Mann, den sie auf dem Parkplatz eines Supermarkts trafen. Rachel und Bungee sowie ein weiteres Team hielten sich dort auf, als Ansprechpartner für Menschen, die sie brauchten. Der Mann kam auf sie zu, streichelte die Hunde und ließ seinen Gefühlen freien Lauf – und er war später überaus dankbar, dass dies möglich gewesen war!

Karen und ihr Kurzhaarcollie Rio verbrachten ebenfalls mehrere Tage in dem Katastrophengebiet, um Menschen in dieser angespannten Situation zu trösten. Sie hielten sich häufig in einer Feuerwache auf, die rund drei Kilometer vom Unglücksort entfernt war. Hier wimmelte es von ehrenamtlichen Helfern, die dankbar waren, dass sie die Hunde streicheln und sich ein wenig entspannen durften. Die Hunde waren auch für die Suchtrupps da, wenn sie aus dem Katastrophengebiet zurück-

kehrten. Sie suchten nach Überlebenden und fanden manchmal nur Leichenteile. Man kann sich kaum vorstellen, wie sie sich gefühlt haben müssen! Die Gegenwart der Hunde war für sie enorm hilfreich.

Zwei Hundeteams wurden nach dem Erdrutsch zu einem Gedenkgottesdienst eingeladen. Menschen, die Angehörige bei dem Unglück verloren hatten, nahmen daran teil. Auch hier waren die Hunde da, um zu trösten, und die Menschen kamen zu ihnen und umarmten sie. Es war eine bewegende Zeremonie, die für die Verarbeitung der Trauer sehr wichtig war.

Menschen auf diese Weise zu trösten ist für die Hunde allerdings auch äußerst anstrengend, wie Rachel bemerkte. Die Hundeführer müssen sich selbst zurücknehmen und sehr auf ihre vierbeinigen Gefährten achten. Rachel sorgt immer dafür, dass ihre Hunde genug Wasser, Ruhe und Auslauf bekommen. Sie begrenzt deren Einsätze, gibt ihnen viel Freizeit und sucht nach Möglichkeiten, wie die Tiere Stress abbauen können. Doch trotz all dieser Maßnahmen zeigte Pickles ihr an einem Tag, dass sie nun genug hatte. Sie hatten neu eingetroffene Hundeteams in der Einsatzzentrale herumgeführt und warteten gerade auf die letzten. Plötzlich blieb Pickles stehen. Rachel merkte, dass ihr Tier erschöpft war. Sie brachte Pickles in eines der Büros und beendete die Führungen allein. Danach bekam Pickles eine Woche frei, denn Rachel wusste genau, dass ihr Hund das jetzt brauchte.

Nicht alle Menschen und Tiere sind für die Krisenintervention gut geeignet. Deshalb müssen sie besondere Tests und Ausbildungen absolvieren. Doch auch dann ist dem, was die Hunde geben und ertragen können, eine Grenze gesetzt. *Gott aber hat solche Grenzen nicht!*

Ich staune darüber, dass Gott alle Menschen überall in allen Krisensituationen, die ihnen jemals begegnen, trösten kann. Er geht mit jedem von uns so um, als ob es nur uns allein gäbe, und er ist immer für uns da.

Ein schönes Beispiel dafür ist Johannes 14, wo Jesus vor seiner Kreuzigung seine Jünger tröstet. Er möchte sie auf die Krise vorbereiten, die auf sie zukommt und die sie noch nicht verstanden haben. Jesus zeigt ihnen einen Ausweg aus dem Berg der Verzweiflung, der sie unter sich begraben wird, wenn er am Kreuz stirbt. Er lässt sie mit dem Versprechen zurück, dass sie einander in der Zukunft an einem bestimmten Ort wiedersehen werden. In Johannes 14,1-3 sagt er zu ihnen: „Lasst euch durch nichts in eurem Glauben erschüttern! Vertraut auf Gott und vertraut auf mich! Im Haus meines Vaters gibt es viele Wohnungen. Wenn es nicht so wäre, hätte ich dann etwa zu euch gesagt, dass ich dorthin gehe, um einen Platz für euch vorzubereiten? Und wenn ich einen Platz für euch vorbereitet habe, werde ich wieder kommen und euch zu mir holen, damit auch ihr dort seid, wo ich bin."

Immer noch müssen die Jünger die Krise durchstehen. Das Leid wird ihnen nicht erspart bleiben. Doch das wird nicht das Ende der Geschichte sein. Jesus kommt wieder zu ihnen. Sie haben seine Zusage, und diese Zusage wird den Berg so weit versetzen, dass sie die Situation ertragen können.

Doch damit nicht genug. Jesus verspricht auch, dass jemand als Kommunikations-Brücke – und noch viel mehr – für sie da sein wird, bis er wiederkommt. Diese Person ist der Heilige Geist. In den Versen 16-17 versichert Jesus ihnen: „Der Vater wird euch an meiner Stelle einen anderen Helfer geben, der für immer bei euch sein wird; ich werde ihn darum bitten. Er wird euch den Geist der Wahrheit geben, den die Welt nicht bekommen kann, weil sie ihn nicht sieht und nicht kennt. Aber ihr kennt ihn, denn er bleibt bei euch und wird in euch sein."

Wenn wir Jesus, dem Messias, vertrauen, dass er uns unsere Sünden vergibt, dann haben auch wir Gottes Verheißungen, und sein Geist wohnt in uns. Immer noch müssen wir den Kummer, den dieses Leben mit sich bringt, durchstehen, aber Gottes Trost ist nur eine Handbreit entfernt (vergleiche Psalm 10,17). Wir können ihn durch sein Wort erreichen, durch seinen Geist und das Gebet. Und weil Gott weiß, dass wir außerdem noch etwas Warmes und Kuscheliges brauchen, hat er die Hunde erschaffen.

Wie ein Kerzenschimmer

*Gott lässt seinen Regenbogen in den Wolken erscheinen, damit
jeder von uns – in den dunkelsten und gefürchtetsten Momen-
ten – einen Hoffnungsschimmer sieht.*

Maya Angelou

Es war das Jahr 1996, als das erste Mal dunkle Wolken an Lilis
Horizont auftauchten. Sie erhielt die Diagnose einer seltenen
Autoimmunerkrankung, die möglicherweise verheerende Folgen haben könnte. Das okuläre vernarbende Pemphigoid greift
überall im Körper die Schleimhäute an, besonders die der Augen. Lilis Augeninnenhäute wurden dadurch so geschädigt, dass
sie teilweise entfernt werden mussten.

Lilis Ärzte verordneten ihr starke Medikamente und so ging
es ihr eine Zeit lang gut. Doch weil sie sich wegen der Nebenwirkungen bei einer langfristigen Einnahme Sorgen machte,
setzte sie die Medikamente ab. Aus diesem oder einem anderen
Grund ging es danach mit ihrer Gesundheit bergab. Lili verlor auf einem Auge das Sehvermögen und ihre Schleimhäute
in Hals und Nase entzündeten sich. Sie konnte nicht essen, das
Schlucken war eine Qual. Also brachte sie nur noch flüssige
Nahrung herunter, wodurch sie erheblich an Gewicht verlor.

Dennoch gab es einen hellen Punkt in ihrem Leben, einen
Lichtschimmer mitten in der sich verdichtenden Finsternis – den
Familienhund. Lizzie war ein kleiner, hübscher schwarz-weißer
Border Collie. Normalerweise war sie ein Energiebündel, das
am liebsten draußen herumtobte. Aber sie schien zu spüren,
dass Lili sie brauchte, und so verwandelte sie sich von einem
umtriebigen, nimmermüden Flitzer in einen ständig präsenten
Gefährten und Tröster.

Während dieser Zeit lag Lili fast den ganzen Tag in eine Decke eingewickelt auf dem Sofa. Lizzie blieb in ihrer Nähe und
kuschelte sich an sie. Lilis Mann war beruflich viel unterwegs,

zwei ihrer Kinder waren schon aus dem Haus und die beiden anderen gingen den ganzen Tag zur Schule. Aber Lizzie war ja da! Sie sprang auf die Couch und legte ihre Schnauze auf Lili. Sie schmiegte sich dicht an sie. Manchmal saß sie auch auf dem Boden neben ihrem Frauchen. Sie war eine spürbare, liebevolle Gegenwart, die an Lilis Seite blieb, und das ganz aus freien Stücken.

Wenn Lili nach vielen Jahren heute daran zurückdenkt, erinnert sie sich, dass es eine dunkle Zeit war, und das nicht nur, weil ihre Augen immer schlechter wurden. „Psychologisch gesehen hatte ich fast die Hoffnung verloren", sagt sie. „Alles, was mir normalerweise Freude machte, wurde mir genommen." Nicht nur hatte sich ihr Sehvermögen verschlechtert, ihre Augenlider wölbten sich auch noch nach innen und kratzten an ihrem Augapfel. Sie konnte nicht Auto fahren. Sie konnte nicht essen. Sie hatte keine Energie. Lili und ihre Familie haben einen starken Glauben und trotzdem konnte sie Gottes Nähe nicht spüren. Aber Lili konnte Lizzie spüren. Und sie musste nicht befürchten, dass die Aufgabe, auf sie „aufzupassen", für Lizzie zu einer Last wurde. Man musste Lizzie nie rufen – sie kam immer von alleine!

Lili weiß, dass auch ihre Freunde gekommen wären, um ihr zu helfen – aber sie ist ein eher zurückgezogener Mensch. Sie hat auch die Gabe der Gastfreundschaft, und so hätte sie immer das Gefühl gehabt, ihren Besuchern etwas anbieten zu müssen. Es war für sie einfach zu anstrengend, aus dem Nebel des Schmerzes und der Depression aufzutauchen und sich mit anderen zu unterhalten.

Also verbrachte sie jeden Tag viele Stunden in einem selbst gewählten Exil, abgesehen von ihrem Hund. Lizzie linderte ihre Einsamkeit und forderte im Gegenzug nichts dafür. Sie war Gottes Geschenk, um Lilis Hoffnung am Leben zu erhalten. In der Zwischenzeit konzentrierten sich Lilis Ärzte auf mögliche Behandlungsstrategien, und Lilis Familie und Freunde konzentrierten sich darauf, den Himmel zu bestürmen und um Lilis Heilung zu beten.

Gott sei Dank musste Lili nicht sterben, wie ihre Familie schon befürchtet hatte. Es ging ihr allmählich besser. Doch auch heute noch muss sie kontinuierlich sorgfältig medizinisch überwacht werden. Auf dem Auge, das während ihrer gesundheitlichen Krise erblindete, hat sie nicht mehr viel Sehvermögen wiedererlangt. Es ist, als ob man durch einen weißen Schleier oder eine dicke Plexiglasscheibe blickt. Mit dem anderen Auge kann Lili zwar sehen, aber ihre Tränenkanäle sind so vernarbt, dass sich keine Tränenflüssigkeit bilden kann und sie jeden Tag mehrmals Augentropfen nehmen muss. Ihre Augäpfel können sich auch nicht normal bewegen. Es ist, als ob sie nach unten gezogen werden.

Trotzdem führt Lili ein erfülltes Leben und ist Gott dankbar, dass er sie bis hierher gebracht hat. Sie weiß, dass Lizzie Gottes Vorsehung für sie war. Und Gott versorgt sie auch weiterhin, indem er ihr liebevolle Hunde schenkt, um ihr Leben heller zu machen und seiner Liebe Hände und Füße – oder besser gesagt Pfoten – zu verleihen. Zurzeit ist es ein fünfzig Kilo schwerer Berner Sennenhund namens Calvin.

Lili und die dunkle Zeit, die sie durchstehen musste, erinnern mich an eine dunkle Zeit in der Geschichte Israels. Gottes Volk wollte nicht mehr das tun, was seiner Gesundheit im Glauben diente, nämlich Gottes Gebote halten und nur ihn allein anbeten. In der Folge ließ ihr geistliches Sehvermögen nach. Sie konnten die Dinge nicht mehr klar erkennen und weigerten sich, auf die Propheten zu hören, die Gott ihnen gesandt hatte, um sie zu warnen. Am Ende erlaubte Gott es den Babyloniern, Juda zu erobern. Das Leben, das die Israeliten bisher gekannt hatten, wurde ihnen genommen und sie wurden ins Exil nach Babylonien geschickt.

Doch mitten in dieser Dunkelheit schenkte Gott seinem Volk einen Hoffnungsschimmer, dass er eines Tages ihr Leben wiederherstellen würde. Es war ein Brief des Propheten Jeremia. Darin forderte er die Israeliten auf, in ihrem neuen Land Wurzeln zu schlagen, sich zum Guten ihrer heidnischen Nachbarn einzusetzen und sich keine falschen Hoffnungen zu machen.

Doch der Brief ließ sie auch wissen, dass Gott sie nicht vergessen hatte, sondern zur rechten Zeit handeln würde. Durch Jeremia sagte Gott seinem Volk: „Denn ich sage euch: Die Babylonier werden siebzig Jahre lang herrschen, und erst wenn diese Zeit um ist, werde ich mich euch wieder zuwenden. Dann lasse ich meine Verheißung in Erfüllung gehen und bringe euch wieder in euer Land zurück. Denn ich allein weiß, was ich mit euch vorhabe: Ich, der Herr, habe Frieden für euch im Sinn und will euch aus dem Leid befreien. Ich gebe euch wieder Zukunft und Hoffnung. Mein Wort gilt! Wenn ihr dann zu mir ruft, wenn ihr kommt und zu mir betet, will ich euch erhören. Wenn ihr mich sucht, werdet ihr mich finden. Ja, wenn ihr von ganzem Herzen nach mir fragt, will ich mich von euch finden lassen. Das verspreche ich, der Herr. Ich werde euer Schicksal zum Guten wenden: Aus allen Ländern und Orten, in die ich euch zerstreut habe, will ich euch wieder sammeln und in das Land zurückbringen, aus dem ich euch damals fortgejagt habe. Darauf könnt ihr euch verlassen!" (Jeremia 29,10-14).

Gott hielt sein Versprechen. Er brachte eine Gruppe von Israeliten zurück nach Jerusalem, um die Stadt und den Tempel wiederaufzubauen. Jahrhunderte später, im Jahr 70 n.Chr., aber fielen die Stadt und der Tempel ein weiteres Mal. Erst seit dem Jahr 1948 gibt es wieder einen souveränen Staat Israel, und viele glauben, dass sich damit ein Teil dieser Prophetie von Jeremia erfüllte, der in die ferne Zukunft gerichtet war.

Für alle Kinder Gottes gibt es in ihrer Hoffnung auf Heilung auch ein zukünftiges Element. In einem gewissen Sinn leben auch wir im Exil auf dieser Erde, und hier kann zu jeder Zeit alles passieren. Doch Gottes Zusage schenkt uns die Hoffnung, dass wir eines Tages in seiner Gegenwart sein werden, und die Heilung, die wir dann erfahren, und unsere Freude über das, was Gott für uns bereithält, wird so wunderbar sein, dass wir es kaum begreifen können.

Der Apostel Paulus schreibt, dass wir jetzt nur ein undeutliches Bild sehen wie in einem trüben Spiegel oder, wie bei Lili, wie durch einen weißen Schleier oder ein dickes Plexiglas. Aber

eines Tages wird ihre und unsere Sicht ungetrübt sein. Und bis dahin können wir uns an Gottes Zusagen festhalten und aus ihnen Trost und Hoffnung gewinnen, so wie es Lili mit Lizzie ging (vergleiche Psalm 42,6).

TEIL IV

EIN VIERBEINER
ZUR ENTSPANNUNG

Die Sorgen wegstreicheln

Stresslevel: extrem. Es war, als ob sie ein Gefäß wäre, dessen Deckel zu fest zugeschraubt war. Als ob sich darin saure Gurken befänden, die so richtig sauer waren; sie gärten und waren kurz vor dem Explodieren.

Fiona Wood

Ein belebter Flughafen ist nicht gerade ein entspannender Ort, und Stress gehört nicht zu der Art von Gepäck, das man am Schalter abgeben kann. Doch einige Besucher des Los Angeles International Airport haben eine ganz besondere und wirksame Entspannungsmethode entdeckt. Sie trafen nämlich ein paar Flughafenmitarbeiter mit Schwanz und vier Pfoten, die hellrote Westen mit der Aufschrift „Streichle mich!" trugen. Diese Hunde und ihre menschlichen Begleiter gehören zu einem offiziellen Programm der Flughafengesellschaft, das Reisenden helfen soll, Stress abzubauen.

Um an diesem Programm teilzunehmen, müssen sowohl die Hunde als auch ihre Menschen ein besonderes Training absolvieren und mit einer Organisation der tiergestützten Therapie zusammenarbeiten. Ginny und ihr Goldendoodle Baylee sind ein solches Team. Sie haben Freude daran, Menschen aufzumuntern und ihre Anspannung zu lindern, und dazu haben sie reichlich Gelegenheit.

Manche Menschen kostet eine Flugreise mehr als nur Geld, denn sie leiden unter Flugangst. Einmal eilte ein Vater auf Ginny und Baylee zu und bat sie, mitzukommen und seiner Tochter zu helfen, die furchtbare Angst vor dem Fliegen hatte. Ginny und Baylee waren gern dazu bereit.

Ein anderes Mal trafen sie einen Mann, der sich vor dem Abflug so elend fühlte, dass er auf dem Weg zu einer Bar war, um sich bei einem Drink zu entspannen. Doch nachdem er Baylee gestreichelt hatte, brauchte er den Drink nicht mehr.

Eine Frau am Flughafen war von den zwei- und vierbeinigen Teams so begeistert, dass sie sie mit einem Glas kühles Wasser in einer trockenen Wüste verglich. Genau das war es, was der Flughafen von Los Angeles brauchte! Verkehrsstaus auf der Herfahrt und die strengen Sicherheitskontrollen am Eingang hatten die Frau furchtbar geschlaucht. Sie sagte Ginny, wie schön es doch sei, einen Hund streicheln zu dürfen, bückte sich und vergrub ihr Gesicht in Baylees Fell.

Manchmal sind Fluggäste auch durch eine persönliche Situation belastet. So wie der Vater, der mit seinem Sohn, einem Teenager, auf der Heimreise von den Ferien war. Sie waren im Ausland gewesen und der Sohn hatte plötzlich Anfälle bekommen, was vorher noch nie geschehen war. Ginny brachte Baylee zu dem Jungen, der im Rollstuhl saß. Der durfte den Hund streicheln und freute sich sehr darüber.

Lou, Barbara und ihre Pointer-Mischlingshündin Hazel sind ebenfalls im Rahmen des genannten Programms am Flughafen für die Gäste da. Ihrer Erfahrung nach ist ihr Hund beim Personal mindestens genauso beliebt wie bei den Reisenden. Den ganzen Tag mit Kunden zu tun zu haben, kann sehr anstrengend sein, und so bietet das Streicheln eines Tieres eine willkommene Pause.

Hazel ist besonders gern mit Kindern zusammen. Einmal wurde sie von einer Gruppe Pfadfinderinnen umringt. Und einige Kinder, deren Flug acht Stunden Verspätung hatte, freuten sich ebenfalls sehr über die Ablenkung, die der Hund ihnen bot. Ganz zu schweigen von den Eltern!

Auch Lou und Barbara haben es häufig mit Fluggästen zu tun, die Angst vor dem Fliegen haben, wie der junge Mann, der zu seiner Verlobten reisen wollte. Zu seiner Angst kam noch ein weiteres Problem hinzu: Er litt unter einer posttraumatischen Belastungsstörung. Während er Hazel streichelte, erzählte er, dass er jetzt das erste Mal allein fliegen würde.

Als ich darüber nachdachte, wie Baylee und Hazel den Menschen halfen, sich zu entspannen, fielen mir zwei Dinge auf:

Die Hunde können die Ursache des Stresses nicht beseitigen.

Aber es kann trotzdem sehr beruhigend und tröstlich sein, für ein paar Augenblicke aus der Tretmühle des Lebens herauszukommen, um das warme, flauschige Fell dieser Tiere zu streicheln und ihre Liebe zu genießen.

Wie viel mehr noch werden wir beruhigt und getröstet, wenn wir einmal innehalten und unseren Stress bei unserem unglaublich liebevollen Gott abgeben!

Der Apostel Paulus gibt uns in seinem Brief an die Philipper ein gutes Rezept gegen den Stress. In Philipper 4,6-7 schreibt er: „Macht euch um nichts Sorgen! Wendet euch vielmehr in jeder Lage mit Bitten und Flehen und voll Dankbarkeit an Gott und bringt eure Anliegen vor ihn. Dann wird der Frieden Gottes, der weit über alles Verstehen hinausreicht, über euren Gedanken wachen und euch in eurem Innersten bewahren – euch, die ihr mit Jesus Christus verbunden seid."

Es ist interessant, was Paulus hier verspricht und was nicht. Er garantiert uns nicht, dass Gott zu allem Ja sagt, worum wir ihn bitten. Aber er versichert uns: Wenn wir aufhören, uns Sorgen zu machen, wenn wir beten und unsere Sorgen und Ängste

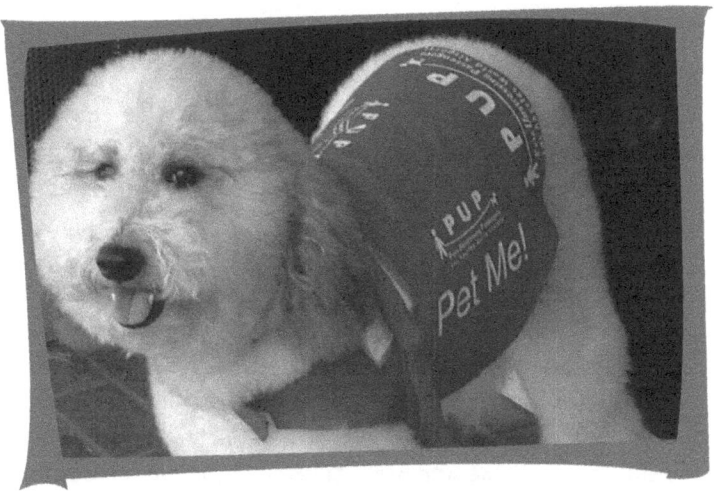

BAYLEE

zu Gott bringen, wird er die Gedanken und Gefühle, die uns aufwühlen, durch seinen unbegreiflichen Frieden ersetzen.

Da wir so unvollkommene Menschen sind, müssen wir uns wahrscheinlich immer wieder darin üben, Gott unsere Sorgen zu überlassen (siehe 1. Petrus 5,7). Aber er wird uns dabei helfen, wenn wir ihn bitten. Und vielleicht schickt er uns sogar jemanden, der uns sanft dabei unterstützt: einen vierbeinigen Botschafter seiner Liebe, der mit einer roten Weste durch den Flughafen wandert.

Antwortgeheul

Zu oft unterschätzen wir die Kraft einer Berührung, eines Lächelns, eines freundlichen Wortes, eines hörbereiten Ohrs, eines aufrichtigen Kompliments oder einer kleinen helfenden Geste. Dabei hat all dies das Potenzial, ein Leben von Grund auf zu verändern.

Leo Buscaglia

William war ungefähr sechs Jahre alt, als für ihn eine Welt zusammenbrach. Er ging in die erste Klasse einer renommierten Privatschule. Es gefiel ihm dort gut, aber aus irgendeinem Grund konnte er weder lesen noch rechnen. Durch einen Test fand man heraus, dass er eine schwere Dyslexie hatte, eine Lese-Rechtschreib-Schwäche, die sich auf die Informationsverarbeitung im Gehirn auswirkt.

Die Dyslexie hat eine neurologische Ursache und kann verschiedene Symptome auslösen. In Williams Fall schienen sich die Buchstaben und Zahlen vor seinen Augen immer wieder neu anzuordnen. Sie änderten die Reihenfolge oder machten einen Salto rückwärts und verwandelten so die ganz normale Arbeit in der Schule zu einer Besteigung des Mount Everest.

Glücklicherweise gibt es jedoch Übungen, mit denen man solche Probleme überwinden kann, und damit William sie lernen konnte, meldeten seine Eltern ihn an einer Sonderschule an. Außerdem kauften sie ihm einen Hund. Im Rückblick ist William überzeugt, dass der kleine schwarze Pudel, den er Bah-Bah nannte, eine äußerst wichtige Rolle hatte: ihn durch einige schwere Jahre seiner Kindheit zu begleiten.

Der Schulwechsel war ein harter Schlag für William. Er hinterließ bei ihm das Gefühl, nicht gut genug zu sein. Doch sein liebevoller vierbeiniger Freund bahnte sich auf sanfte Weise einen Weg in Williams Herz und schützte ihn dort vor seinen Verletzungen und seiner Einsamkeit.

Das Schwierigste in Williams Tagesablauf waren die Hausaufgaben, die er oben in seinem Zimmer machte. Es dauerte Stunden. Er hatte BahBah bei sich, und wenn ihn der Mut verließ, kuschelte er mit seinem Pudel und fühlte sich gleich besser.

Einmal machte BahBah während der Hausaufgaben etwas, das von da an ganz typisch für seinen heilsamen Einfluss auf William werden sollte. Der Junge kämpfte mit einer schwierigen Matheaufgabe. Auf dem Höhepunkt seiner Frustration ließ er seinen Gefühlen freien Lauf – er stöhnte und heulte. BahBah setzte sich neben ihn und fing ebenfalls an zu heulen. William brach in Gelächter aus und rannte zu seinen Eltern, um ihnen vorzuführen, was BahBah konnte. Für William war es, als ob der Hund ihm antworten würde. Von da an heulte BahBah immer zurück, wenn William frustriert zu weinen anfing, und das gab William das Gefühl, durchhalten zu können und die Hausaufgabe, die vor ihm lag, zu schaffen.

Auch wenn BahBah mit seinem Geheul eine große Hilfe bei den Hausaufgaben war, so blieb er doch ein Hund. Mindestens einmal brachte er William in Schwierigkeiten. Der Junge machte eine Pause und verließ sein Zimmer, wobei er sein Schulheft unbewacht auf dem Fußboden liegen ließ. Als er zurückkam, war der obere Teil abgebissen. William versuchte seinem Lehrer klarzumachen, dass sein Hund die Hausaufgabe gefressen hatte, doch der nahm ihm das nicht ab.

Abgesehen von solchen Ausrutschern denkt William, dass es BahBah war, der ihm das Leben in jenen Jahren erträglich machte. So sehr seine Eltern ihn auch liebten, sie konnten nicht den ganzen Abend neben ihm sitzen. BahBah aber konnte das – am Anfang thronte er auf dem Schreibtisch und später, als er größer wurde, rollte er sich zu Williams Füßen zusammen. Bah-Bah war sein vierbeiniger Hausaufgaben-Freund, der immer für ihn da war und sich für alles zu interessieren schien, was er tat.

BahBah half William auch auf andere Weise. Eigentlich durften Kinder die Sonderschule nur zwei Jahre lang besuchen. Doch weil William ein besonders schwieriger Fall war, lockerte man für ihn die Regeln und er durfte drei Jahre bleiben. Unter den Schülern gab es aber viel Wechsel, und so war es für William schwierig, dauerhafte Freundschaften zu schließen. Der einzige beständige Freund in dieser Zeit war BahBah.

William und seine Eltern hofften, dass er in der fünften Klasse zu seiner ursprünglichen Schule zurückkehren könnte. Aber er schaffte es nicht. Er verbrachte die fünfte Klasse in einer öffentlichen Schule und kam in eine Klasse mit 25 Schülern (vorher war er mit elf Schülern in einer Klasse gewesen). Das war schwer für ein Kind wie William mit einer Lernbehinderung. Außerdem setzte er sich selbst unter Druck, so gut zu werden, dass er sich in der sechsten Klasse wieder an der Privatschule bewerben konnte und angenommen wurde. Dann könnte er dort in die Mittelstufe eintreten.

In jenem Jahr übertraf BahBah sich selbst, indem er bei William saß und ihn Stunde um Stunde seine Liebe spüren ließ. William wusste, dass BahBah sehen konnte, wie hart er arbeitete, während er sich da bei seinen Eltern nicht so sicher war. (Doch sie sahen es auch!)

Tatsächlich schaffte William den Sprung auf die Schule seiner Wahl. Und auch wenn es kein Spaziergang war, so besserte sich manches durchaus. Der treue BahBah war wie immer da, um William eine helfende Pfote zu reichen und ihn seelisch zu unterstützen. Dann, zu Beginn der Highschool, schien irgendetwas bei William Klick zu machen. Er stieg an die Spitze

seiner Klasse auf, auch wenn die Hausaufgaben ihn weiterhin viel Zeit kosteten. Inzwischen befindet er sich im Abschlussjahr, hat sich an einem College beworben und spielt eine der Hauptrollen in dem Shakespeare-Stück, das an seiner Schule aufgeführt wird. Er möchte Politik und Wirtschaft studieren und später einmal in einem Bereich arbeiten, wo er menschliches Leid lindern kann.

BahBah ist jetzt zwölf Jahre alt und hat die letzten zweieinhalb Jahre bei Williams Großeltern verbracht, um ihnen seine Liebe und Unterstützung zu schenken. Sie leben in einem anderen Bundesstaat, in einem ländlichen Gebiet, in dem es keine nahen Nachbarn gibt. Williams Großvater hat Herzprobleme und muss oft ins Krankenhaus. BahBah sorgt dafür, dass die Großmutter nie allein zu Hause ist. Der kleine Pudel leistet ihr Gesellschaft, so wie er es bei William tat. Jetzt, wo BahBah älter ist, gefällt ihm dieses ruhigere Leben. William und seine zwei lebhaften jüngeren Geschwister tollen nun mit einem jüngeren Hund als Familienmitglied herum. Doch William besucht BahBah immer an Weihnachten.

BahBah stellte sich auf Williams Seite, als dieser eine schwere Zeit durchmachte. Das lässt mich daran denken, dass Gott sich ebenfalls auf unsere Seite schlägt. Manchmal können auch wir nur noch stöhnen und weinen, wenn wir Gott unsere Probleme oder die anderer Menschen bringen. Doch wenn wir so verzweifelt zum Herrn rufen, hilft uns Gottes Geist, der in uns wohnt. In Römer 8,26-27 heißt es: „Der Geist Gottes tritt mit Flehen und Seufzen für uns ein; er bringt das zum Ausdruck, was wir mit unseren Worten nicht sagen können. Auf diese Weise kommt er uns in unserer Schwachheit zu Hilfe, weil wir ja gar nicht wissen, wie wir richtig beten sollen. Und Gott, der alles durchforscht, was im Herzen des Menschen vorgeht, weiß, was der Geist mit seinem Flehen und Seufzen sagen will; denn der Geist tritt für die, die zu Gott gehören, so ein, wie es vor Gott richtig ist.

BahBahs Geheul war heilsam für den weinenden William, weil er merkte, dass sein Hund ihn verstand und sein Leid ihm

155

nicht egal war. Doch wir haben jemanden, der uns noch viel tiefer versteht, als ein Hund es kann, und der unseren Schmerz ganz genau kennt: Der Heilige Geist nimmt sich der Kinder Gottes an – und er tut noch viel mehr als das (vergleiche 2. Korinther 1,3-4). Selbst wenn wir zu Gott gehören, gibt es für uns in dieser gefallenen Welt Zeiten, in denen für uns die Dinge auf dem Kopf stehen und wir nichts mehr verstehen: Die „Buchstaben und Zahlen" der Wahrheit Gottes ändern die Reihenfolge oder machen einen Salto rückwärts. In jedem Bereich unseres Lebens brauchen wir das heilende Eingreifen des Heiligen Geistes, damit wir das Leben aus der Perspektive Gottes betrachten können, mit seinem Willen in Einklang kommen, tun, was er von uns möchte, und die sind, als die er uns geschaffen hat.

Gottes heilende Kraft ist unerschöpflich, doch der kleine Hund BahBah konnte auch schon eine ganze Menge dadurch erreichen, dass er einfach da war und sich um seinen Jungen kümmerte. Wenn Sie dem Geist Gottes Ihr Herz öffnen, will er Sie vielleicht auch dorthin führen, dass Sie im Leben eines anderen Menschen eine heilsame Spur hinterlassen, indem Sie einfach nur da sind und sich kümmern, so wie BahBah.

Ein schwanzwedelndes Beruhigungsmittel

Jedes Morgen hat zwei Griffe. Wir können es entweder mit dem Griff der Angst anfassen oder mit dem Griff des Glaubens.
Henry Ward Beecher

Als sich in Vanessas Leben dunkle Wolken zusammenballten, war sie erst in der achten Klasse. Es fing mit einer stressigen Zeit

an. Doch allmählich wurde die Decke der Depression und der Angst, die über ihr lag, immer schwerer. Sie verließ die Schule in der neunten Klasse und beendete das Schuljahr im Fernunterricht. Im darauffolgenden Jahr meldete sie sich an einer neuen Schule an, die besondere Kurse für Schüler mit psychologischen Beeinträchtigungen anbot. Doch trotz dieser zusätzlichen Unterstützung hatte sie so schwer zu kämpfen, dass sie mehr Kurse verpasste, als sie besuchte. Bis sie in der zwölften Klasse war, hatte sie vier verschiedene Psychiater aufgesucht, die dreißig verschiedene Medikamente ausprobierten. Eines davon schien endlich ein wenig zu helfen, aber eben nicht genug.

Anfangs waren die Depressionen Vanessas größtes Problem gewesen, doch nun war es die Angst. Die junge Frau war dadurch wie in einen dunklen Tunnel eingesperrt. Normalerweise wäre sie jetzt zum College gegangen, aber wie sollte sie aus dem Tunnel herausfinden, um dorthin zu gelangen?

Glücklicherweise hatte eine Studienberaterin an Vanessas Schule eine Idee. Sie hatte eine Freundin namens Kris, die mit ihren Hunden in der Therapiearbeit tätig war. Wir haben schon in mehreren Kapiteln dieses Buches von ihr gelesen. Die Beraterin bat Kris und ihren Golden Retriever Titus, sich mit Vanessa zu treffen. Der Therapeut auf vier Pfoten legte seinen Kopf auf Vanessas Schoß und schon ging es ihr besser. Sie trafen sich noch mehrere Male und allmählich leuchtete an Vanessas Horizont ein Hoffnungsschimmer auf. Vielleicht konnte sie ein Studium am College bewältigen, wenn sie einen psychiatrischen Assistenzhund an ihrer Seite hätte.

Das waren wunderbare Aussichten, doch die Uhr tickte. Es war Juni und die Collegekurse fingen im August an. Kris bat ihren Kollegen Chris aus der Therapiearbeit um Hilfe und gemeinsam machten sie sich mit höchster Geschwindigkeit auf die Suche nach dem richtigen Hund für Vanessas Bedürfnisse.

Chris, den wir auch bereits kennen, konnte keine geeigneten Hunde-Kandidaten finden. Aber gerade als er dachte, er wäre am Ende seiner Möglichkeiten angelangt, nahm die Suche eine ungeahnte Wendung. Eine Züchterin, die Chris kannte, hatte eine ältere Golden-Retriever-Hündin zurückbekommen. Ihre Besitzer wollten das amerikanische Festland verlassen, um sich um ihre alt gewordenen Eltern zu kümmern, und konnten den Hund nicht mitnehmen, also brauchte er ein neues Zuhause. Emma war fast sechs Jahre alt und Vanessa hatte sich einen jüngeren Hund gewünscht. Aber vielleicht war die Hündin ja trotzdem die Richtige für sie?

Kris wird nie jenen Abend vergessen, als Vanessa und Emma einander kennenlernten, gemeinsam mit ihren Mentoren aus der Tiertherapie. „Es war sozusagen Liebe auf den ersten Blick", erzählte mir Kris. „Vanessa kamen die Tränen und ihrer Mutter und uns auch. Die beiden mochten sich einfach im ersten Moment, als sie sich sahen, und das war ganz klar ein Geschenk Gottes."

Emma war wie ein Sonnenstrahl, der Vanessas dunkle Wolken auseinandertrieb, ein verheißungsvoller Regenbogen, ein Geschenk, das viele neue Möglichkeiten eröffnete. Aber es war bereits Juli. Konnte das „Team Emma und Vanessa" rechtzeitig zum Beginn des Colleges bereit sein?

Ja, das konnten sie!

Chris begann Emma zu trainieren. Er musste nicht viel Arbeit investieren. Die Hündin kannte bereits alle Grundkommandos. Chris nahm sie an öffentliche Orte zum Beispiel in Einkaufszentren mit, um sicher zu sein, dass sie auch in einer großen Menschenmenge Ruhe bewahren würde. Er brachte ihr außerdem Fähigkeiten bei, die sie nach amerikanischen Vorschriften zum psychiatrischen Assistenzhund qualifizieren würden. Emma lernte, wie sie zu Vanessas Entspannung beitragen konnte. Ihr wurde beigebracht, sich zwischen Vanessa und andere Menschen zu stellen, um ihrer menschlichen Begleiterin mehr Raum zu verschaffen, sich auf Vanessa zu legen und mit ihr zu kuscheln, um sie zu beruhigen. Mit jeder neuen Aufgabe, die sie lernte, wuchs das Vertrauen zwischen ihr und Vanessa weiter.

Chris half Vanessa auch, mit dem Hund auf dem Campus zu trainieren. Er sprach mit dem College-Personal, erklärte, welche

Aufgabe der Hund hatte, und stellte sicher, dass Vanessa wusste, wo sie bei den Kursen sitzen und wo Emma sich aufhalten würde. Vanessa war anfangs etwas nervös, doch Emma beruhigte nicht nur sie, sondern wurde sozusagen zum Hörsaal-Maskottchen und zur vierbeinigen Berühmtheit auf dem Campus.

Nun, ein gutes Jahr später, sagt Vanessa, dass Emma ihr Leben verändert hat. Nachdem sie jahrelang mehr Schulstunden verpasst als besucht hatte, hat sie im ersten Jahr am College nur wenige Tage gefehlt. Und das nicht wegen ihrer Angst. Sie war einfach nur hin und wieder krank wie jeder andere auch. Das bedeutet nicht, dass sich nicht ab und zu dunkle Wolken in ihrem Leben zusammenballen. Doch anders als ihre früheren Medikamente ist das Beruhigungsmittel Emma sehr wirksam. „Es gibt immer noch Tage, an denen ich am liebsten nicht aus dem Bett aufstehen würde", gibt Vanessa zu. „Aber Emma ist da. Und es ist, als ob sie zu mir sagen würde: ,Komm schon, wir schaffen das.'"

Emma ist allein schon durch ihre Anwesenheit eine große Hilfe, sagt Vanessa. „Sie gibt mir Sicherheit. Wenn ich ängstlich werde, streichle ich sie und das beruhigt mich."

Emma spürt oft schon vor ihrem Frauchen, dass die Angst kommt. „Dann macht sie sich deutlich bemerkbar", erzählt Vanessa. „Sie kommt her, setzt sich neben mich und legt ihren Kopf auf meinen Schoß. Und wenn ich eine Panikattacke habe, leckt sie mein Gesicht und wischt meine Tränen ab."

Vanessa nimmt immer noch die eine Medizin ein, die ihr etwas geholfen hat, aber dass es ihr inzwischen so gut geht, das schreibt sie zu neunzig Prozent Emma zu. Emma ist ihr Sonnenschein, und nicht nur ihrer. Sie hebt auch bei anderen Studierenden die Stimmung. Sie sagen, es muntert sie auf, allein wenn sie schon das „Lächeln" und Schwanzwedeln des Hundes sehen. Vanessa glaubt, dass ihr Hund eine tolle vorbeugende Medizin ist. Ihr allgemeiner Angstpegel ist deutlich gesunken, seit Emma in ihr Leben kam. Vanessas Familie kann kaum glauben, was Emma bei Vanessa alles bewirkt hat!

Wenn schon die Gegenwart eines Hundes solche positiven

Auswirkungen haben kann, wie ist es erst, wenn der Herr der ganzen Schöpfung unser seelisches Mobiliar neu ordnet? Das konnten einige Juden, die in der Verbannung leben mussten, am eigenen Leib erfahren, wie es uns das Alte Testament berichtet.

Das jüdische Volk befand sich in einem Tunnel, den sie sich selbst gebaut hatten. Ihr Götzendienst brachte ihnen Gottes Gericht ein. Ihr Land wurde von den Babyloniern erobert und sie wurden aus ihrer Heimat an den Euphrat und Tigris verschleppt. Doch es gab noch einen Hoffnungsschimmer, einen verheißungsvollen Regenbogen: Gott versprach ihnen, dass er einen Rest des Volkes nach siebzig Jahren in ihr Land zurückbringen würde.

Und das tat er auch. Inzwischen hatte der persische König Kyros die Macht über das Babylonische Reich erlangt. Er sagte den Juden, dass alle, die es wollten, in ihre Heimat zurückkehren und die Städte wiederaufbauen dürften. Zunächst sollten sie nach dem Willen Gottes den Tempel wieder errichten, und anfangs erfüllten sie diese Aufgabe zuverlässig. Doch dann erfuhren sie viel Widerstand von ihren Nachbarvölkern. Die dunklen Wolken der Angst und der Entmutigung verdeckten die Sonne ihres Glaubens an den Herrn. Die Zurückgekehrten unterbrachen die Arbeiten am Haus Gottes und zogen sich sechzehn Jahre lang zurück. In der Zeit bauten sie ihre eigenen Häuser und bestellten ihre Felder, aber Gott war davon nicht begeistert, und deshalb waren ihre Bemühungen nicht sonderlich fruchtbar (Haggai 1).

Es war der Prophet Haggai, der die Dinge schließlich klarstellte. Er sagte den Israeliten, sie sollten auf Gott hören und nicht auf ihre Ängste. Er forderte sie auf, sich wieder an den Aufbau des Tempels zu machen, und sie erkannten, dass er recht hatte. Sie folgten seinem Aufruf und er überbrachte ihnen eine neue Botschaft von Gott: „Ihr Menschen von Juda, seid stark und arbeitet weiter! Denn ich, der Herr, der allmächtige Gott, stehe euch bei" (Haggai 2,4).

Emmas Gegenwart stillte Vanessas Ängste. Gottes Gegenwart errichtete einen Schutzwall rings um sein Volk, wie er

schon viele Menschen geschützt und getröstet hat (siehe zum Beispiel Psalm 94,18-19). Als die Feinde wieder versuchten, das Bauprojekt zu stoppen, schritt Gott ein. Die Israeliten durften weiterbauen, während die örtlichen Befehlshaber eine Anfrage an den neuen persischen König Darius schickten. Er hieß den Bau des Tempels nicht nur gut, sondern ordnete auch an, dass dieser durch örtliche Steuern finanziert werden sollte. Und er warnte die umliegenden Völker, sie sollten die Juden und ihren Tempel in Ruhe lassen – unter Androhung der Todesstrafe!

Emma ist Vanessas beste Medizin gegen Angst und Depressionen; sie ist ein Wunder Gottes. Er ist unser großer Arzt und gebraucht einen Hund, um Vanessas Lebenskräfte zu stärken. Wenn wir ihm unser Leben anvertrauen und auf ihn hören, wird er uns aufrichten, so wie er es damals mit den Israeliten tat.

Ein Hund sorgt für gute Laune

Das Problem ist nicht, dass ich alleinstehend bin und es aller Wahrscheinlichkeit nach bleiben werde, sondern dass ich einsam bin und es aller Wahrscheinlichkeit nach bleiben werde.
Charlotte Brontë

Keiner kennt die heilende Wirkung eines fröhlichen Herzens besser als Gott, unser großer Arzt. So heißt es in Sprüche 17,22: „Ein fröhliches Herz erhält einen bei guter Gesundheit, aber ein niedergeschlagenes Gemüt zehrt die Kräfte auf." Georgia wusste das auch, bevor sie wieder an die Schule zurückkehrte. Und noch mehr war sie davon überzeugt, nachdem sie mehrere Jahre an ihrer Doktorarbeit gesessen hatte, eine stressige Arbeit, die einen von anderen Menschen isolieren kann. So ist es verständlich, dass sie sich sehr freute, als Gott ihr die Medizin

für Herz und Seele gab, die sie sich gewünscht hatte: ein drei Pfund schweres, kuscheliges Bündel mit vier Pfoten und einem Schwanz.

Um es noch genauer zu sagen: Ihr apricotfarbener Zwergpudel Yofi ist drei Pfund schwer, wenn er sein ganzes Fell trägt. Sobald er geschoren ist, zeigt die Waage noch weniger an. Aber auch wenn der kleine Kerl weniger wiegt als Georgias Computer, so ist er kein Leichtgewicht, wenn es darum geht, Frauchens Stimmung aufzuhellen und sie zum Lachen zu bringen.

Zum einen schafft er das, indem er ihre Stofftiere attackiert. Er hat eine flauschige Socke, die er am liebsten packt und schüttelt. Er selbst sieht winzig und harmlos aus, tut aber so, als müsse er dieser Socke seine ganze männliche Stärke beweisen, und darüber könnte Georgia sich schieflachen.

Zum Schießen finden Yofis Menschen auch seine typische Art zu rennen. Georgia und ihr Mann haben einen langen Flur in ihrem Haus. Hier können sie für ihren Hund einen Ball werfen, den er dann auf unnachahmliche Weise zurückbringt. Wenn Yofi rennt, heben alle vier Pfoten gleichzeitig vom Boden ab und plumpsen wieder zurück, während sein Hinterteil dabei wackelt. Tatsächlich hopst er mehr, als dass er läuft, was seine Menschen entzückend und lustig finden.

Auch Yofis ganzes Auftreten ist einfach urkomisch, und zwar auf eine liebenswerte und anrührende Art. Mit seinem kleinen Körper und seinen schwarzen Knopfaugen sieht er mehr wie ein Teddybär aus als wie ein Hund aus Fleisch und Blut. Er lässt nicht nur Georgia dahinschmelzen, sondern bringt geradezu den Verkehr zum Erliegen. Alle Leute lächeln, wenn sie an ihm vorübergehen und er entweder auf seinen winzigen Füßen dahertrottet oder wie ein Prinz auf Georgias Arm thront oder aus ihrem Mantel herauslinst. Yofi ist äußerst freundlich und gibt die Schmeicheleien, die er empfängt, stets zurück. Er geht sogar gern auf wildfremde Menschen zu.

Yofi hat Georgia während ihres Studiums in erster Linie geholfen, indem er ihr Lachpausen verschaffte, aber auch, indem er sie mit seiner Magnetwirkung in Kontakt zu anderen

Menschen brachte. „Wenn Yofi bei mir ist, sprechen mich alle Leute an. Dann kann ich gar nicht anders, als mich mit ihnen zu unterhalten", erzählt Georgia. Auf diese Weise hat Yofi sie aus ihrer „Dissertationshöhle" herausgeholt. Durch ihn blieb sie mit anderen Menschen und der Außenwelt in Verbindung.

„Eine Doktorarbeit zu schreiben ist ein einsamer Prozess", erklärt Georgia. „Man muss viel in Archiven arbeiten. Und dort ist nichts los. Man kann sich in seiner Dissertation total verlieren. Einsamkeit ist eines der Hauptprobleme für viele Doktoranden."

Yofi hat diese Situation von Grund auf verändert. Er sorgte dafür, dass Georgia zu Spaziergängen das Haus verließ. Wenn Georgia und ihr Mann im Sommer mehrere Wochen auf dem Land verbrachten, dann ging Georgia auch mehrmals am Tag mit dem Hund spazieren. Yofi hat Georgia immer wieder daran erinnert, dass es ein Leben außerhalb der Dissertation gibt. Er ist sehr kontaktfreudig und will Aufmerksamkeit, und so musste Georgia während des Schreibens immer wieder Pausen einlegen und einen Ball für ihn werfen. Und Yofi kuschelt auch sehr gern. Georgia meint, dass sie bestimmt die Hälfte der Doktorarbeit mit dem Hund auf dem Schoß geschrieben hat.

Kürzlich hat Georgia ihre Dissertation beendet und so ist Yofis heilsames Wirken in diesem Bereich abgeschlossen. Doch inzwischen hat er eine neue Aufgabe erhalten. Weil er für Georgia eine so große Hilfe war und auch anderen Menschen so viel Freude brachte, hatte Georgia den Eindruck, dass sie ihren Hund mit anderen teilen sollte. Darum nahm sie vor eineinhalb Jahren mit ihm an einem Kurs teil, um ihn zum Therapiehund auszubilden. Seine Prüfung legte er am Valentinstag ab. Er wurde von einer Stiftung trainiert und zertifiziert und darf seither eine Kenndecke tragen, um seine Qualifikation zu beweisen. Er hat auch eine Marke, die ihn ausweisen soll und die an einem Band befestigt ist, aber weil er so klein ist, schleift sie am Boden. Wenn er und sein Frauchen das nahe gelegene Krankenhaus besuchen, muss sie daher die Marke für ihn tragen.

Wegen Yofis geringer Körpergröße wurde Georgia geraten, sich genau zu überlegen, wo sie ihn in der Therapiearbeit einsetzt. Wenn jemand zu grob mit ihm umgeht, könnte er sich leicht verletzen. Deshalb nimmt Georgia ihn zu einem Krankenhaus mit, in dem er vorwiegend erwachsene Reha-Patienten und einige wenige Kinder besucht. Die erwachsenen Patienten haben früher meistens selbst einen Hund gehabt und vermissen die Liebe ihrer Tiere und den Körperkontakt zu ihnen. Georgia nimmt Yofi dann auf den Arm, damit die Patienten sich mit ihm unterhalten und von ihren eigenen Tieren erzählen können.

Bei Kindern sind es nach Georgias Erfahrung oft nicht nur die Kinder, für die Yofi ein Segen ist, sondern auch die Eltern. Eines ihrer eigenen Kinder musste vor ein paar Jahren für kurze Zeit ins Krankenhaus, und der Besuch von einem Therapiehund bedeutete ihr selbst sogar noch mehr als ihrem Kind.

Auch zu Hause erweist sich Yofi weiterhin als große Hilfe. Sowohl Georgia als auch ihr Mann haben einen anstrengenden Beruf und entspannen sich am liebsten, indem sie ihren vierbeinigen Freund streicheln, dem es, wie man sich denken kann, die allergrößte Freude bereitet, auf diese Weise helfen zu können.

Wenn Yofi für seine Menschen ein solcher Segen ist, fragt man sich, warum Georgia und ihre Familie nicht schon früher auf den Hund gekommen sind. Die Antwort lautet, dass Georgias Mann eigentlich gegen Hunde allergisch ist. Sie hofften, dass ein kleiner Hund einer Rasse, die nicht so leicht Allergien auslöst, auch für ihn geeignet wäre – aber seine Allergie tauchte trotzdem wieder auf. Allerdings war seine Liebe zu Georgia und Yofi so groß, dass er sich lieber Spritzen gegen die Allergie geben ließ, als sich von dem geliebten Hund zu trennen. Die Medikamente wirkten und er liebt und schätzt den vierbeinigen Freund mindestens genauso sehr, wie seine Frau es tut.

Yofi war ein wirksames Mittel gegen Georgias Isolation, und zwar auf eine Art, wie niemand sonst es hätte sein können. Er schenkte Georgia die Gemeinschaft, die sie brauchte. Dazu trug sogar seine Fähigkeit bei, die Menschen zum Lachen zu brin-

gen. Es wäre für Georgia nicht dasselbe gewesen, wenn sie sich hingesetzt und ein lustiges Buch gelesen hätte. Georgias Mann wusste das und ging diese Extrameile für sie, weil er wusste, dass es für Georgia nicht gut war, allein zu sein.

Gott, unser Schöpfer, weiß, dass dies für uns alle gilt. Wir brauchen eine gesunde Beziehung zu ihm, aber auch zueinander. Das ist seit Beginn der Schöpfung so und gilt bis heute.

In 1. Mose 2,18 sagt Gott, nachdem er die Schöpfung vollendet und den Menschen geschaffen hat: „Es ist nicht gut, dass der Mensch allein ist. Ich will ihm jemanden zur Seite stellen, der zu ihm passt!" Dann ließ er Adam in einen tiefen Schlaf fallen, entnahm ihm eine Rippe und schuf Eva daraus.

In Psalm 68,7 lesen wir: „Gott schenkt vereinsamten Menschen ein Zuhause." Auch hier wird deutlich, dass Gott unser Bedürfnis nach gesunden Beziehungen kennt und uns das geben will, was die Sehnsucht unseres Herzens am besten stillt. Denn er weiß, wie es in uns aussieht (vergleiche Psalm 25,16).

In Hebräer 10,24-25 fordert Gott uns auf, uns im Glaubensleben nicht von anderen zu isolieren: „Weil wir auch füreinander verantwortlich sind, wollen wir uns gegenseitig dazu anspornen, einander Liebe zu erweisen und Gutes zu tun. Deshalb ist es wichtig, dass wir unseren Zusammenkünften nicht fernbleiben, wie einige sich das angewöhnt haben, sondern dass wir einander ermutigen, und das umso mehr, als – wie ihr selbst feststellen könnt – der Tag näher rückt, an dem der Herr wiederkommt."

Unser liebevoller Gott, der Mann und Frau füreinander geschaffen hat und den Einsamen eine Familie schenkt, der Georgia ihren Yofi gegeben hat – er nimmt sich auch unserer Einsamkeit an. Wenn wir uns isoliert und allein fühlen, können wir unseren großen Arzt bitten, uns die richtige „Herzmedizin" zu verschreiben.

Ein Hund zur Leistungssteigerung?

Gönne dir Ruhe; ein Feld, das brach gelegen hat, bringt reiche Ernte.

Ovid

Hier eine Frage für jeden, der einmal wegen einer Prüfung Stress hatte: Welches einfache Beruhigungsmittel hat sich für Studierende, die unter Examensdruck stehen, als vielversprechend erwiesen? Bevor Sie antworten, lassen Sie mich Ihnen ein paar Tipps geben. Das Mittel war sehr erfolgreich bei Menschen, die vor wichtigen Prüfungen standen, und zwar in unterschiedlichen Situationen: an einer medizinischen Hochschule, an einer anderen Universität und an mindestens einer hoch angesehenen Highschool. Es wirkt hervorragend in einer Gruppe. Man muss es nicht schlucken, aber manche Leute genießen es trotzdem eher mit Vorsicht. Es gibt dieses Mittel schon sehr lange, auch wenn es erst seit kurzer Zeit auf diese Weise eingesetzt wird. Eine aktive Beteiligung der Person ist zwar hilfreich, aber das Mittel wirkt auch, wenn man ihm nur passiv ausgesetzt ist.

Deuten die Worte „aktive Beteiligung" etwa darauf hin, dass es sich hier um eine sportliche Übung handelt? Das könnte zwar sein, ist es aber nicht. Nein, das Mittel zur Stressverminderung, das rauchende Köpfe beruhigen und sorgenvolles Stirnrunzeln in freudiges Lächeln verwandeln kann, ist ein Hund!

Mein Freund Scott und seine beiden Therapiehunde La Vie und Eli haben an der bereits erwähnten medizinischen Hochschule ihre Examenshilfe angeboten, und zwar in der Bibliothek. Drei oder vier Teams (jeweils aus einem Menschen und einem Hund bestehend) hielten sich während der Examenswoche in und außerhalb der Bibliothek auf. Die Hunde standen zwischen 10.00 und 13.30 Uhr zur Verfügung, sooft es eine Prüfungspause gab.

„Die Studierenden waren begeistert, wie entspannt es in dem

Raum mit den Hunden zuging", erzählte mir Scott. Ein junger Mann hatte sich immer einen eigenen Hund gewünscht, aber aus irgendeinem Grund war es nie dazu gekommen. Nach dem ersten Tag konnte er sich kaum noch von den Tieren trennen. Die Studierenden streichelten die Hunde, kuschelten mit ihnen und verbrachten einfach Zeit mit den Vierbeinern. La Vie und Eli hatten jeder seine ganz eigene Art, für Entspannung zu sorgen.

„La Vie ist der Professor", sagt Scott. Er ist ein erfahrener Therapiehund und hat ein ganzes Repertoire von Kunststücken auf Lager, mit denen er zum Hit wurde. Die Studierenden liebten ihn. Eli ist ein Welpe und muss noch vieles lernen, aber „von den beiden ist er der Clown", erklärt Scott. Er ist ein verschmuster kleiner Kerl und zog die Studierenden an wie ein Magnet.

Das Hundeprogramm wurde an der medizinischen Hochschule inzwischen enorm ausgeweitet, sagt Scott. Und sie ist nicht die einzige Ausbildungsstätte, an der dieses Konzept mit offenen Armen aufgenommen wurde. Auch die Universität, an der Kenzie, die Tochter einer Freundin von mir, ihren Abschluss machte, holte die Hundeteams während der Prüfungswoche, um den Studierenden Entspannung zu verhelfen. Kenzie erzählte mir, dass es einfach Spaß machte, die Bibliothek zu betreten und die Hunde zu sehen; es half ihr persönlich sehr. Eine führende Highschool sprang ebenfalls auf den Therapiehunde-Zug auf und lud die Teams während ihrer Prüfungswoche ein.

Und welche positiven gesundheitlichen Auswirkungen der Besuch der Hunde bei den Studierenden hat! Entspannung, eine hellere Stimmung, vielleicht auch bessere Prüfungsergebnisse, weil man stressfreier an die Sache herangeht. Außerdem ist nichts Illegales an einem leistungsfördernden Hund und man bekommt keinen Kater oder Hangover davon … Gibt es ein besseres Mittel zum Stressabbau?

Gott hat viele Wege, wie er uns durch stressige Lebensphasen bringen kann. Denn er, der die Hunde und uns geschaffen hat, ist die Quelle allen Lebens und kennt alle Prüfungen. Jesus lädt uns ein, mit unseren Sorgen zu ihm zu kommen (nachzulesen zum Beispiel in Matthäus 11,28-30).

Durch den Stress, den wir in dieser Welt erfahren, können wir so ausgebrannt sein, dass wir die Ruhe und den Frieden, die Gott uns schenken will, nicht finden. Jesus macht uns dies anhand eines Gleichnisses deutlich, das er in Markus 4,1-20 erzählt. In dieser Geschichte geht es darum, was aus dem Saatgut entsteht, das auf vier verschiedenen Böden ausgesät wird. Die Saat ist ein Sinnbild für Gottes Wort. In Markus 4,18-19 heißt es: „Wieder bei anderen ist es wie mit der Saat, die ins Dorngestrüpp fällt. Sie hören das Wort, doch dann gewinnen die Sorgen dieser Welt, die Verlockungen des Reichtums und andere Begierden Raum und ersticken das Wort, und es bleibt ohne Frucht."

Auf der anderen Seite kann unser Vertrauen auf Gott, auf seine Liebe und Fürsorge uns aus dieser Stressmühle befreien. Auch Mose brauchte diese Hilfe, als Gott ihn aufforderte, die Israeliten aus Ägypten herauszuführen. Er hatte keine Ahnung, wie er diese besondere Prüfung bestehen sollte, und fühlte sich völlig überfordert. Aber er brachte seine Angst vor Gott und sagte zu ihm (2. Mose 33,12-14): „Du befiehlst mir, dieses Volk nach Kanaan zu bringen, aber du hast mir noch nicht gezeigt, wen du mit mir senden willst. Du hast gesagt, dass du mich ganz genau kennst und ich deine Gunst gefunden habe. Wenn du nun wirklich zu mir stehst, dann lass mich deine Pläne erkennen! Ich möchte dich besser verstehen, damit du auch in Zukunft an mir Gefallen hast. Denke doch daran: Dieses Volk ist dein Volk!" Der Herr antwortete: „Ich selbst werde dir vorangehen und dich zur Ruhe kommen lassen!"

Mose wusste nicht alle Antworten, aber er kannte den, der sie wusste. Er brachte seine Sorgen zu Gott und Gott versprach ihm Ruhe. Er wird auch uns Ruhe schenken und uns von unserem Stress befreien, wenn wir unsere Sorgen zu ihm bringen und mit ihm leben wollen, so wie Mose. Und weil ein solcher Glaube ein Lernprozess ist und es im Lauf unseres Lebens viele

Prüfungen gibt, hat Gott uns noch zusätzliche Hilfen mit auf den Weg gegeben, zum Beispiel diese wunderbaren Geschöpfe, die Hunde genannt werden!

Missy, der Fels in der Brandung

Der siegreiche Christus ist wie ein mächtiger Fels; in seinen Schutz dürfen wir in allen Zeiten des Kummers und des Leids fliehen; in ihm finden wir stille Zuflucht und Frieden.
James Russell Miller

Danas Hund war von Anfang an dazu bestimmt, einen heilsamen Einfluss auf sie auszuüben. Als ihr Sohn in der zehnten Klasse war, schlug er vor, dass seine Mutter einen Hund bekommen sollte, bevor er die Familie verließ und zum College ging. Er meinte, ein solcher vierbeiniger Gefährte würde ihr helfen, mit dem leeren Nest zu Hause besser klarzukommen. Damals ahnte er noch nicht, dass das geliebte Haustier, das sie in ihre Familie aufnahmen, noch unendlich viel mehr bewirken würde.

Missy kam im Alter von dreizehn Wochen zu ihnen. Sie war in einem Tierheim in einem anderen Bundesstaat untergebracht und sollte eigentlich getötet werden. Eine Tierschutzorganisation rettete ihr und mehreren anderen Hunden das Leben und vermittelte sie an Pflegefamilien in der Nähe. Im Rückblick sagt Dana, Missy sei schon nach fünf Minuten für sie alle „ihr Hund" gewesen. Der Tierarzt hielt Missy für einen Jack-Russell-Terrier-Mischling, doch Dana ist sich bis heute nicht sicher, welche Rassen sich in ihrer geliebten kleinen Hündin vermischt haben.

Was sie aber ganz bestimmt weiß: Missy ist ein zwölf Pfund schweres Energiebündel voller Freude. „Sie ist wie aus einem

Disneyfilm", lacht Dana. Missy ist ein süßer, liebenswerter und harmloser kleiner Hund. Sie versucht Schmetterlinge zu fangen, und wenn die zu hoch fliegen, jagt sie deren Schatten hinterher. Aber sie ist für ihre Familie auch ein zuverlässiger kleiner Wachhund. Dana, ihr Mann und ihr Sohn haben sich sofort in ihre vierbeinige Freundin verliebt, und Missy gibt diese Zuneigung großzügig zurück.

Missy war gerade ein Jahr bei ihnen, als Danas Welt plötzlich zusammenbrach. Bei einer Routineuntersuchung ihrer Brust sagte ihr Arzt, sie hätten etwas gefunden, das sie überprüfen müssten. Statt einer Nadelbiopsie empfahl er eine etwas invasivere Methode und Dana willigte ein. Hinterher blieb eine kleine Wunde, die weiter blutete, aber man versicherte Dana, dies sei nur vorübergehend. Sie solle einen festen Verband auflegen und nach drei Tagen sei alles vorüber.

Es tat sich nichts. Eine Woche später musste die Wunde erneut versorgt werden. Als das Problem nicht behoben werden konnte, wurde ein spezielles Pflaster aufgebracht. Es sollte von allein wieder abfallen und dann würde die Wunde verheilt sein. Einen Monat später fiel das Pflaster ab und die Wunde fing wieder an zu bluten – und zwar stark. Dana wurde zum Chirurgen geschickt und schließlich zu einem Facharzt für Infektionskrankheiten, der bei ihr die Infektion durch ein seltenes, sich langsam ausbreitendes Bakterium feststellte. Sie musste Antibiotika einnehmen, und als das erste nicht wirkte, bekam sie immer stärkere und stärkere Medikamente. Doch nichts schien zu helfen. Schließlich musste die Wunde in einem chirurgischen Eingriff gereinigt werden. Sie konnte nicht genäht werden, weil sie von innen nach außen heilen sollte. Danas Mann musste zweimal täglich den Verband wechseln, was furchtbar schmerzhaft war. Endlich schien alles wieder gut zu sein und Dana konnte mit ihrer Familie in den Urlaub fahren. Am ersten Tag ihrer Reise fing es an einer anderen Stelle in der Nähe der alten Wunde an zu bluten.

Nun wurde Dana zu einem weiteren Spezialisten für Infektionskrankheiten geschickt und musste ein anderes Antibiotikum

einnehmen – ein wirklich „schweres Geschütz", das man nur kurze Zeit anwenden durfte. Gott sei Dank wirkte es diesmal. Die Blutungen hörten endlich ganz auf. Doch es dauerte danach noch Monate, bis auch die Nebenwirkungen der starken Medikamente aufhörten und die letzte Untersuchung stattfand.

Dana schätzt, dass die ganze Geschichte zwei Jahre gedauert hat. Die ganze Zeit über war Missy ihr Fels in der Brandung.

„Ohne Missy wäre alles viel schlimmer gewesen", betont Dana. „Sie spielte für mich eine ganz wichtige Rolle. Sie einfach nur an mich zu drücken und ihren Kopf zu küssen tat mir unheimlich gut. Sie kuschelte sich an mich und ich hielt ihre kleine Pfote fest. Das machte mich ganz glücklich. Wenn ich mich mit ihr beschäftigte, schienen meine Probleme kleiner zu werden."

Dana brauchte diese „Glückspausen". In dem Jahr, als die Wunde immer weiter blutete, gab es Zeiten, in denen sie von Verzweiflung überwältigt wurde. Einerseits wusste sie, dass die Infektion sie töten würde, wenn man sie nicht in den Griff bekommen konnte. Und andererseits musste sie mit den Nebenwirkungen der Medikamente fertigwerden. Das alles zog sie nach unten. Missy aber war ihr Trost und sie nahm den Hund überallhin mit. Missy konnte einen auch immer wieder zum Lachen bringen. „Sie kann die tollsten Grimassen schneiden", erzählt Dana. „Wenn sie das Maul verzieht, könnte man sich biegen vor Lachen. Sie ist ein richtiger Clown. Und wenn sie sich freut, einen zu sehen, lächelt sie und zeigt dabei ihre Zähne."

An dem Tag, als Dana von dem Eingriff der Wundreinigung zurückkam, war es furchtbar heiß. Ihr Mann brachte sie in ein Zimmer mit Klimaanlage und Missy legte sich neben Dana. Sie schien zu spüren, dass ihr Frauchen Schmerzen hatte. Dana musste viel liegen, während die OP-Wunde heilte, und Missy leistete ihr dabei Gesellschaft.

Dana sagte mir, dass die meisten Leute damals keine Ahnung hatten, was sie durchmachte. Äußerlich sah man ihr nicht an, dass etwas nicht stimmte. Dana ging unermüdlich weiter zur Arbeit. Nur ihre Familie wusste, was los war. Missy zeigte Dana ihr Mitgefühl und war ein großer Trost für sie.

Hätte Danas Mutter noch gelebt, dann wäre sie Danas Fels in der Brandung gewesen. Doch Dana hatte ihre Mutter ein paar Jahre zuvor plötzlich durch einen Schlaganfall verloren. In gewisser Weise hat Missy nun deren Aufgabe übernommen. Unerschütterlich war und ist sie an Danas Seite, als eine nie versiegende Quelle bedingungsloser Liebe. Natürlich sind Danas Mann und ihr Sohn in gleicher Weise für sie da und dafür ist sie ihnen unendlich dankbar. Aber sie können nicht jede Minute bei Dana sein. Missy jedoch ist immer bereit, mit Dana zu kuscheln, zu schmusen und sie zu trösten, und Dana ist sehr froh, ihre vierbeinige Freundin an ihrer Seite zu haben.

Ich habe viel darüber nachgedacht, was die kleine Missy als „Fels in der Brandung" für Dana bedeutete. Mit Sicherheit brachte sie Dana in dieser unvorstellbar schweren Zeit eine gewisse Stabilität. Sie bot ihr Zuflucht in Leid und Verzweiflung und war für sie eine Quelle des Friedens. Ist es nicht genau das, was Gott für uns sein möchte? Auch er ist unser Fels und berührt uns auf heilsame Weise.

In Psalm 18,3 heißt es: „Der Herr ist mein Fels, meine Festung und mein Befreier. Mein Gott ist meine Zuflucht, mein Schild und mein starker Retter, meine Burg in sicherer Höhe." Gottes Wort sagt uns, dass er die Quelle der Kraft, der Geborgenheit und der Rettung mitten im Leid und in den Prüfungen unseres Lebens ist. Und er ist immer für uns da, was wir von uns Menschen nicht sagen können, auch nicht im Zeitalter der Smartphones.

Epheser 2,19-21 vertieft diesen Gedanken des „Felsens" noch weiter. Paulus schreibt an die Epheser und an alle Gläubigen: „Ihr seid jetzt also nicht länger Fremde ohne Bürgerrecht, sondern seid – zusammen mit allen anderen, die zu seinem heiligen Volk gehören – Bürger des Himmels; ihr gehört zu Gottes Haus, zu Gottes Familie. Das Fundament des Hauses, in das ihr eingefügt seid, sind die Apostel und Propheten, und der Eckstein dieses Gebäudes ist Jesus Christus selbst. Er hält den ganzen Bau zusammen; durch ihn wächst er und wird ein heiliger, dem Herrn geweihter Tempel."

Jesus ist der Eckstein, das Fundament unserer Erlösung. Wir alle waren von einer tödlichen Infektion betroffen: der Sünde. Keiner von uns war vollkommen heilig und konnte sich selbst davon befreien. Die Bibel sagt uns aber, dass Jesus ohne Sünde war. Darum konnte er sich als das Lamm Gottes für uns opfern. Sein Tod war das einzige Heilmittel gegen unsere tödliche Krankheit. Er hat unsere Verzweiflung in Freude verwandelt und in ihm ist die ganze Familie Gottes fest miteinander verbunden und hält zusammen. Jesus, unser Fels, schenkt uns Freude und Frieden mitten in den Problemen unseres Lebens und gibt uns Stabilität durch die Hoffnung auf das ewige Leben in Gottes liebevoller Gegenwart. Mit seinem Wort hält er uns (vergleiche Matthäus 7,24-25).

Mit Max geht alles besser

Möge Gott dir für jeden Sturm einen Regenbogen schenken, für jede Träne ein Lächeln, für jede Sorge eine Verheißung und für jede Prüfung einen Segen. Für alle Probleme, die das Leben schickt, einen treuen Freund, mit dem du sie teilen kannst, für jedes Seufzen ein schönes Lied und eine Antwort auf jedes Gebet.
Irischer Segenswunsch

Das Leben war für Will stürmischer als für manche anderen Menschen, denn er leidet unter mittelschwerem bis schwerem Autismus. Aber jetzt hat er einen besonderen Freund an seiner Seite, der ihm durch die harten Zeiten hindurchhilft. Dieser Freund ist ein Golden Retriever namens Max, der Wills Leben von Grund auf verändert hat.

Will war neun Jahre alt, als er seinen Assistenzhund bekam.

Zu der Zeit konnte er im Grunde genommen nicht sprechen, obwohl er schon Sprachtherapie erhielt, seit er dreieinhalb war. Er sprach nur das nach, was andere sagten. Außerdem hatte er Angst, wenn er sich in der Öffentlichkeit aufhielt. Seine Mutter Meredith hoffte, dass Max den Stress ihres Sohnes vermindern und ihm helfen würde, diese und andere Hürden zu überwinden. Sie wurde nicht enttäuscht.

In den zwei Jahren, seit Max in die Familie gekommen ist, hat Will riesige Fortschritte gemacht. Seine Sprachfähigkeit hat sich stark verbessert. Er kann jetzt ganze Sätze bilden und sein Wortverständnis hat sich enorm erweitert. Er fängt auch an, Fragen zu stellen und zu beantworten, was seine Familie schon nicht mehr für möglich gehalten hat. Wills Mutter führt diese Fortschritte in erster Linie auf Max zurück und erzählte mir, dass Will seinen ersten Satz wohl zu seinem Hund gesagt hat. Die entspannende Wirkung, die Max auf den Jungen hat, ist sicherlich ein Faktor, der zu den Verbesserungen beigetragen hat. Doch egal was die Ursache ist: Wills Familie ist auf jeden Fall sehr dankbar.

Max ist für Will auch eine Brücke, die soziale Kontakte ermöglicht. Andere Kinder hatten immer etwas Angst vor Will. Die Anwesenheit eines Assistenzhundes mit einer entsprechenden Kenndecke ist für sie der Hinweis, dass dieser Junge eine Behinderung hat. So sind sie eher bereit, Will zu akzeptieren, und versuchen ihn anzusprechen. Inzwischen beginnt er auch, ihnen zu antworten.

Schwierig ist für Will jede Art von Übergangssituation. Ihn morgens aus dem Bett zu bekommen war vorher der reinste Horror. Will bekam Wutausbrüche und schrie wie am Spieß. Jetzt kuschelt Max im Bett mit ihm und nach zwanzig Minuten steht der Junge ruhig auf. Das ist ein riesiger Gewinn.

Auch der Aufenthalt in der Öffentlichkeit ist für Will jetzt nicht mehr so nervenaufreibend wie früher. Er mag Orte nicht, die laut sind oder an denen sich viele Leute befinden, aber mit Max an seiner Seite kann er das jetzt besser ertragen. Im Restaurant zum Beispiel liegt Max unter dem Tisch, und Will kann

sich entspannen, indem er seine Füße auf den Hund stellt. Die Familie konnte Will an seinem zehnten Geburtstag sogar mit zu Disney World nehmen. „Das hätten wir ohne Max nie machen können", meint Wills Mutter. „Will fliegt eigentlich ganz gern mit dem Flugzeug, aber den Flughafen mag er nicht besonders. Er hat nicht so viel Geduld. Aber Max war eine gute Ablenkung für ihn."

Die Beziehung, die Will zu seinem Hund aufgebaut hat, lässt ihn auch sensibler werden für die Bedürfnisse und Gefühle anderer Menschen. Wenn er dazu aufgefordert wird, gibt er seinem Hund Futter und Wasser. Und wenn er irgendwohin muss, wohin Max nicht mitkommen darf, sagt er: „Max ist so traurig."

Max hat Will und seiner Familie vieles erleichtert, er ist für sie ein Ruhepol mitten im Sturm. Es gibt nicht nur weniger Turbulenzen zu Hause, sie müssen sich auch keine Sorgen mehr machen, dass der Junge wegläuft. Bevor Max kam, brachte der Sheriff Will eines Nachts nach Hause, während alle dachten, der Junge schlafe in seinem Bett. Er war eine Viertelmeile entfernt auf einer kurvenreichen Landstraße gefunden worden.

Wenn Will heute wegläuft, kann Max ihn aufspüren – und so geschah es auch, als die Familie sich mitten im Umzug in ein neues Haus befand. Die Glocken an der Haustür waren noch nicht installiert worden, also bemerkten sie nicht, dass Will sich aus dem Haus geschlichen hatte. Doch keine Sorge, Max führte die Familie direkt zu ihm; er stand auf einem Felsen mitten in einem niedrigen Bach und warf Kieselsteine in das nur zwei Zentimeter tiefe Wasser.

Zurzeit unterrichtet Meredith Will zu Hause, aber sie hofft, dass er eines Tages die reguläre Schule besuchen kann. Max leistet Will Gesellschaft, wenn er lernt, und das ist eine große Hilfe. Will gerät vor allem beim Lesen unter Stress und dann wird er laut. Wenn das passiert, stupst Max ihn an. Er kann den Jungen auch beruhigen, indem er sich mit seinem warmen, flauschigen Körper auf ihn legt oder es Will gestattet, ihm die Ohren zu kraulen. Max kann den Sturm, der Autismus heißt,

nicht beenden, aber er hat mitten im Sturm einen beruhigen-
den, heilsamen Einfluss.

Aus der Bibel können wir manches über den Umgang mit
stürmischen Zeiten lesen. Jesus hat seinen Jüngern gesagt, dass
der Sturm des Lebens so manche Böen mit sich bringen würde,
aber er, Jesus, würde bei ihnen sein, um ihnen Kraft zu geben
und ihnen durch alle Stürme zu helfen. Die Jünger hatten dafür
ein schönes Beispiel aus dem wahren Leben, auf das sie zurück-
blicken konnten und das sie ermutigen sollte: eine ungewöhnliche Bootsfahrt mit ihrem Herrn.

Jesus und seine Jünger überquerten spät am Abend einen See,
und Jesus schlief, als sie plötzlich von einer schweren Sturmbö
erfasst wurden. Die erschrockenen Jünger meinten, das Boot
würde kentern und sie müssten alle ertrinken. Voller Panik
weckten sie Jesus auf, aber er war überhaupt nicht beunruhigt.
„Jesus stand auf und wies den Wind und die Wellen in ihre
Schranken. Da legte sich der Sturm, und es wurde ganz still"
(Lukas 8,24). Dann fragte Jesus seine erstaunten Jünger: „Wo
bleibt euer Glaube?" (Lukas 8,25).

Jesus bewies, dass er die Macht über Wind und Wellen hat.
Und später besiegte er den größten Sturm von allen: den Tod.
Eines Tages werden alle, die zu ihm gehören, von solchen Stürmen für immer befreit sein. Aber bis dahin sind wir den Böen
des Lebens, die uns mit aller Macht treffen, nicht hilflos ausgeliefert. Wir können uns im Glauben dicht bei Jesus halten
und uns von ihm durch sein Wort und seinen Geist beruhigen
und trösten lassen. Wie die Menschen, die Psalm 107 beteten
(besonders Vers 28-31).

TEIL V

AM ENDE DES LEBENS
NICHT ALLEIN

Malachis Mission

Es ist ein unendliches Paradox, dass wir durch den Schmerz tatsächlich etwas lernen.

Madeleine L' Engle

Schmerzen, egal ob körperlicher oder seelischer Art, sind nicht gerade etwas, das ich willkommen heiße, geschweige denn als etwas Heilsames betrachten würde. Aber meine persönliche Erfahrung hat mir deutlich gemacht, dass es durchaus so sein kann. Als ich dreizehn war, bekam ich starke Bauchschmerzen, die zeigten, dass ich sofort am Blinddarm operiert werden musste. Und mit neunzehn brachte mich der seelische Schmerz einer Essstörung dazu, dass ich mich in die Hände meines großen Arztes, Gott, begab, um geheilt zu werden.

Der Schmerz ist ein wertvolles Alarmsystem, aber er ist noch mehr als das. Er kann den Weg öffnen zu einer heilsamen Verbindung des Mitgefühls. Meistens wird dieses Band zwischen Menschen geknüpft, doch manchmal auch zwischen einem Menschen und einem anderen Geschöpf Gottes. So war es zum Beispiel bei Malachi und Izzy.

Der Golden Retriever Mal war ein Therapiehund und hatte schon in seinen jungen Jahren mit Hüftproblemen zu kämpfen. Niemand hatte etwas falsch gemacht, es kam einfach so. Mit fünf Jahren hatte er schon vier Operationen hinter sich, unter anderem hatte er zwei neue Hüften bekommen. Schmerzen kannte er nur allzu gut. Er wird weiterhin mit verschiedenen Methoden behandelt, damit es ihm gut geht, aber es ist ein Balanceakt, und manchmal hat er immer noch Schmerzen. Kris, sein Frauchen, hätte alles dafür gegeben, ihrem geliebten Hund diese Schmerzen zu ersparen, doch seltsamerweise machte gerade diese gesundheitliche Situation ihn zum idealen Kandidaten für eine ganz besondere Mission.

Bei dieser Mission ging es um ein Mädchen im Teenageralter

namens Izzy, die selbst auch schwere gesundheitliche Probleme hatte. Sie litt an einem Typ-1-Diabetes und ihre Blutzuckerwerte gerieten immer wieder außer Kontrolle. Die Krankheit hatte ihre Augen in Mitleidenschaft gezogen, sodass sie nicht mehr viel sehen konnte. Außerdem hatte sie ständig so starke Bauchschmerzen, dass sie kaum mehr als eine Woche außerhalb des Krankenhauses verbringen konnte.

Das Pflegepersonal überlegte, ob Besuche durch einen Therapiehund Izzy vielleicht aufmuntern könnten, und so nahmen sie Kontakt zu Kris auf. Kris hatte zwei Therapiehunde, aber Mal war besonders gut für Krankenhausbesuche geeignet. Darum beschloss sie ihn mitzunehmen.

„Mal und Izzy fanden sofort einen Draht zueinander", erzählte mir Kris. „Sie konnte Mals Schmerzen nachvollziehen und mir sogar sagen, wenn es ihm gerade nicht gut ging. Sie erkannte es an solchen Signalen wie Muskelverspannungen oder sie las es in seinem Blick. Mal hechelte oder legte seinen Kopf auf sie und dann wusste sie Bescheid." Izzy hatte ein Einzelzimmer und so durfte Mal bei ihr im Bett oder auf einer Bank daneben liegen. Die Anwesenheit eines Hundes, der auch mit Schmerzen zu kämpfen hatte, lenkte Izzy von ihren eigenen Problemen ab. Hier war ein anderes Lebewesen, über das sie nachdenken und für das sie sorgen konnte. Sie konnte nicht zur Schule gehen und hatte im Krankenhaus nicht viel Gesellschaft und so wurde ihr Tag durch Mals Besuch ein gutes Stück heller.

Auch Kris entwickelte eine besondere Beziehung zu Izzy, die weit über die üblichen Grenzen der Therapiearbeit hinausging. Izzy durfte sie zu jeder Uhrzeit anrufen. Die Gespräche dauerten meist nicht lang, aber sie schienen für Izzy ein gewisser Trost zu sein und ihre Einsamkeit zu lindern.

Irgendwann verlor Kris für eine Weile den Kontakt zu Izzy. Doch als sie einmal mit Mal zu Besuch im Krankenhaus war, zog der Hund sie zu einem Mann hin, den sie noch nie gesehen hatte. Es stellte sich heraus, dass er Izzys Vater war. „Mal konnte Izzys Geruch an ihrem Vater wahrnehmen. Deshalb war er so fasziniert von ihm. Er kannte Izzys Geruch und roch ihn

quer durch den Raum an einem Mann, der ihm fremd war",
erzählte Kris. Izzy war wieder im Krankenhaus und die beiden
besuchten sie. Ihre Augen waren noch schlechter geworden, sodass sie kaum noch etwas erkennen konnte. Aber sie lächelte
übers ganze Gesicht, als sie die Stimme von Kris hörte, und
lehnte sich aus dem Bett, um Mal Guten Tag zu sagen, der sich
zur Begrüßung heranpirschte.

Mals Besuche wirkten sich zwar positiv auf Izzys Leben aus,
sie konnten es aber leider nicht verlängern. Ein paar Monate
später erhielt Kris einen Anruf, dass Izzy gestorben war. Auf
Bitte der Familie nahm sie zusammen mit Mal an der Trauerfeier teil. Dort kamen viele Leute auf sie zu und erzählten, dass
Izzy immer von Mal gesprochen und seine Besuche gemocht
hatte, weil sie ihr so viel Freude bereiteten. Als Kris mit Izzys
Eltern wegen der Geschichte in diesem Buch Kontakt aufnahm,
dankte der Vater Kris dafür, dass sie „Izzy so glücklich wie möglich" gemacht hatte. „Ich muss sagen", fügte er hinzu, „als Mal
damals im Krankenhausflur Izzy durch mich erkannte, war das
eines der seltsamsten Erlebnisse, die ich je hatte."

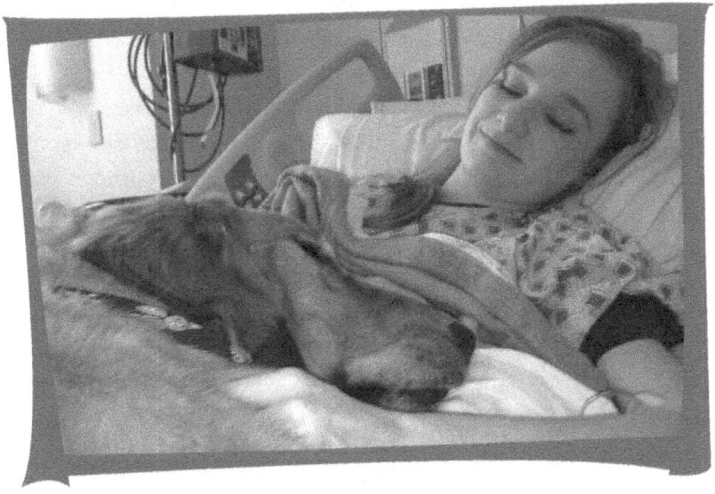

MAL UND IZZY

In seinem Mensch-Hund-Team ist Mal nicht der Einzige, der durch schwierige Zeiten gegangen ist und dem das Leid half, eine Beziehung zu anderen aufzubauen. Kris hat in ihrer Kindheit ebenfalls Schweres durchgemacht, das sie seelisch belastete. Sie verlor ihren Vater schon sehr früh, und was danach passierte, hinterließ bei ihr ein tiefes körperliches und seelisches Trauma. Wenn ihre Mutter und ihr Stiefvater sich stritten, versteckte sie sich in der Abstellkammer. Glücklicherweise half ein Lehrer ihr dabei, die tiefe, bedingungslose Liebe ihres Vaters im Himmel zu entdecken. „Als ich Jesus kennenlernte", sagt Kris, „wusste ich endlich, wer immer bei mir gewesen war. Aber es brauchte viele Jahre des Gebets, bis Gott mir meine Angst nahm."

Nach einer erfolgreichen Laufbahn als Lehrerin fühlte Kris sich berufen, ihre langjährige Liebe zu Hunden in der Therapiearbeit einzubringen. „Ich hatte schon viele Jahre mit Hunden gearbeitet, sie gezüchtet, ausgestellt und Gehorsamstrainings absolviert. Aber nun wollte ich mit ihnen anderen Menschen dienen." Sie begann damit in einer psychiatrischen Klinik. „Ich kannte den Schmerz, den diese Leute durchmachten", sagt sie. Während sie und ihre Hunde anderen Menschen auf ihrem Weg halfen, verwandelte sich ihr eigener Schmerz in Freude. Inzwischen hat sie mit ihren Hunden Ausbildungen für die verschiedensten Therapiesituationen absolviert und fühlt sich durch ihre Arbeit reich beschenkt und erfüllt.

Auch Jesus, unser Erlöser und Messias, setzte seinen eigenen Schmerz ein, um andere zu heilen. In Jesaja 53,3 und 5 lesen wir: „Er wurde verachtet, von allen gemieden. Von Krankheit und Schmerzen war er gezeichnet. Man konnte seinen Anblick kaum ertragen. Wir wollten nichts von ihm wissen, ja, wir haben ihn sogar verachtet … Doch er wurde blutig geschlagen, weil wir Gott die Treue gebrochen hatten; wegen unserer Sünden wurde er durchbohrt. Er wurde für uns bestraft – und wir? Wir haben nun Frieden mit Gott! Durch seine Wunden sind wir geheilt." Im Hebräerbrief wird ganz eindeutig gesagt, dass Jesus diesen Schmerz bewusst auf sich genommen hat und jetzt bei Gott ist (Hebräer 12,2).

Manche Worte scheinen nicht groß genug zu sein für das, was sie an Bedeutung tragen. *Liebe* ist ein solches oder auch *Schmerz*. Es gibt so viele Bereiche, in denen wir Schmerzen erleiden können – am Körper, in der Seele oder in unseren Beziehungen. Manchmal erkennen wir einen Sinn darin. In anderen Fällen scheint uns unser Schmerz oder der anderer Menschen sinnlos, ja geradezu grausam. Gott nennt uns nicht immer einen Grund mitten in unserem Leid, oft erfahren wir diesen unser ganzes Leben lang nicht. Aber was Gott tut, ist, sich uns selbst zu schenken; auch Jesus, die zweite Person der göttlichen Dreieinigkeit, musste leiden, und darum versteht er unseren Schmerz und kümmert sich darum. Mitten im Leid will er seinen Kindern Trost und Gnade schenken; und er will das Geschehene wiedergutmachen, auch wenn wir das jetzt noch nicht sehen können.

Kürzlich erzählte mir Kris, dass Mal jetzt keine Krankenhausbesuche mehr macht. Es ist einfach zu anstrengend für ihn. „Vielleicht war seine Aufgabe ja vor allem, für Izzy da zu sein", sagt sie. „Mein Mann und ich wissen: Wenn wir seine Schmerzen nicht mehr unter Kontrolle haben können, dann müssen wir irgendwann eine schwere Entscheidung treffen. Doch solange er noch spielen und mit uns zusammen sein will, behalten wir unseren Kurs bei. Wir wollen einfach das Beste für ihn. Ich wünschte nur, er könnte uns noch mehr mitteilen."

Manchmal wünschen wir uns auch, dass Gott uns mehr mitteilen würde. Aber zumindest wissen wir aus der Bibel: Der Schmerz kann einen Weg ebnen, anderen zu helfen und sie zu heilen, so wie es bei Kris war. Das Kind, das sich damals in der Abstellkammer versteckte, ahnte noch nicht, dass es sich eines Tages in der Arbeit mit Therapiehunden engagieren und dadurch das Leben anderer Menschen verändern würde. Aber Gott wusste es. Wenn wir unser Kreuz auf uns nehmen und unserem Erlöser nachfolgen, wird er in und durch uns wirken und uns seine Freude schenken!

Krankenpfleger Quincy

Eine Freude vertreibt hundert Sorgen.
Japanisches Sprichwort

Der Krebs ist ein ziemlich gewichtiger Feind – vor allem, wenn man nur sieben Pfund wiegt (mit nassem Fell). Aber ein liebevoller, treuer Yorkshireterrier namens Quincy war dieser Herausforderung gewachsen. Er schien zu verstehen, dass es seine Aufgabe war, sich um seine menschliche Freundin Judy zu kümmern, während ihr langer Kampf gegen die Krankheit zu Ende ging. Er blieb dicht bei ihr und beschenkte sie mit seiner Liebe und Zuneigung. Er gab ihr immer wieder eine Dosis Freude, die sie aufbaute.

Quincy kam zu Judy, als er zwei Jahre alt war. Bei seinen früheren Besitzern hatten sich die Lebensumstände so verändert, dass sie nicht mehr genügend Zeit für ihn hatten. Judys Tochter Minnewa stieß auf eine Facebook-Seite, wo Quincy sozusagen zur Adoption freigegeben wurde. Hunde wie Quincy, so erzählte mir Minnewa, sind oft sofort vergeben, kaum dass sie gepostet wurden. Doch sie hatte das Gefühl, dass Gott diesen Hund für ihre Mutter reserviert hatte. Judy hatte sich schon länger nach einem eigenen Hund gesehnt. Vielleicht würde ihr Gott mit Quincy diesen Herzenswunsch erfüllen.

Quincy kam vier Tage vor Judys Geburtstag, dem 11. September, zu ihnen in die Familie. Als sie Quincy abholten, redete Judy mit ihm. „Ich kümmere mich um dich. Und du kümmerst dich um mich", sagte sie zu ihrem neuen Hund.

Und genau das tat Quincy, und zwar von Anfang an. Er knüpfte eine enge Beziehung zu Judy und wollte sie gar nicht mehr allein lassen. Er war für sein Frauchen wie ein Sonnenstrahl in der Dunkelheit. Wenn sie Treppen stieg, ging er mit ihr, immer nur eine Stufe auf einmal. Wenn Judy im Haus ihres Vaters die Toilette aufsuchte, lief Quincy immer im Kreis, bis

sie wieder herauskam. Unter keinen Umständen wollte er von ihr getrennt sein.

Die hingebungsvolle Liebe ihres Hundes motivierte Judy dazu, Dinge zu tun, die sie sonst nicht in Angriff genommen hätte. Wegen Quincy machte sie Spaziergänge, was ihr Doktor ihr auch empfohlen hatte. Der kleine Quincy brachte sein Frauchen auch dazu, zu essen. Judy hatte nicht viel Appetit, aber Quincy wollte nichts zu sich nehmen, wenn sie es nicht tat. Also musste sie essen, um sicherzustellen, dass er genug Nahrung zu sich nahm.

Der Kleine konnte auch dafür sorgen, dass Judy genügend Schlaf bekam. Manchmal blieb sie abends lange auf, weil sie sich so viele Sorgen machte. Aber davon wollte Quincy nichts wissen. Er sprang ihr auf den Schoß und kuschelte sich an sie, als ob er sagen wollte: „Zeit, ins Bett zu gehen." Wenn sie schließlich nachgab und unter die Decke schlüpfte, schlief er an ihrem Rücken, eng an sie geschmiegt.

Quincy spürte auch, wenn Judy die Hilfe von anderen Menschen brauchte. Minnewa pflegte ihre Mutter und teilte das Zimmer mit ihr, hatte jedoch einen Raumteiler aufgestellt, damit jede von ihnen eine Privatsphäre hatte. Judy wollte ihre Tochter nicht immer stören, wenn es ihr schlecht ging. Doch Quincy passte auf und stellte sich ganz und gar auf Judys Bedürfnisse ein. Manchmal kam er hinter dem Raumteiler hervor und schaute Minnewa mit einem ganz bestimmten Blick an. Er bellte nie, aber seine Augen sagten Minnewa dann deutlich, dass sie nach ihrer Mutter sehen sollte. Quincy merkte auch, wenn Judy Schmerzen hatte. Dann ging er zu ihr, leckte sie oder schob seinen Kopf unter ihre Hand. Die willkommene Ablenkung, Quincy zu streicheln und seine Liebe zu empfangen, half Judy, mit ihren Schmerzen klarzukommen.

Quincy ermöglichte es Minnewa, ab und zu eine wohlverdiente Pause einzulegen. Ihre Mutter nahm schon seit längerer Zeit einmal pro Woche an einer Kunsttherapie teil. Quincy durfte mit, und Minnewa hatte den Eindruck, dass sie ihre Mutter auch einmal für kurze Zeit allein lassen konnte, solan-

ge Quincy bei ihr war. Quincy verhinderte auch, dass Judy in Depressionen abglitt, denn sie musste schließlich für ihren vierbeinigen Freund sorgen.

Judy hoffte, es würde ihr irgendwann besser gehen, und sie könnte Quincy dann als Therapiehund registrieren lassen, damit sein fürsorgliches Talent auch anderen Menschen zugutekäme. Doch es sollte nicht sein. Judys gesundheitlicher Zustand verschlechterte sich und sie wurde dreimal ins Krankenhaus eingeliefert. Quincy durfte sie besuchen, weil er als Assistenzhund registriert war. Auf der Intensivstation war er allerdings trotzdem nicht zugelassen. Einmal, als es so aussah, als ob das Ende käme, wachte Judy nach zwei Tagen auf. Ihre ersten Worte waren: „Wo ist mein Hund?"

Im August 2015 durfte Judy dann in die Gegenwart Gottes treten – doch nicht, ohne vorher geregelt zu haben, was aus Quincy werden sollte. Sie wusste, dass Minnewa von allen Familienmitgliedern am meisten Zeit für ihn hatte, und Minnewa nahm die Aufgabe dankbar an. Quincy trauerte zusammen mit den anderen Angehörigen, und bei der Trauerfeier nahm auch er die Beileidsbekundungen entgegen, auf Minnewas Arm. Weiterhin schenkt er Liebe und Trost weiter und Minnewa hat das Gefühl, mit ihm einen Teil ihrer Mutter bei sich zu haben.

Wenn ich über Quincys heilsamen Einfluss nachdenke, dann kommt mir das Stichwort *Freude* in den Sinn. Inmitten von Leid und Verlust brachte der kleine Hund Freude. Und das lässt mich an Gott denken. Denn er möchte seinen Kindern mitten in den Problemen und dem Kummer des Lebens eine heilsame Freude schenken. In Jakobus 1,2-4 heißt es: „Seht es als einen ganz besonderen Grund zur Freude an, meine Geschwister, wenn ihr Prüfungen verschiedenster Art durchmachen müsst. Ihr wisst doch: Wenn euer Glaube erprobt wird und sich bewährt, bringt das Standhaftigkeit hervor. Und durch die Standhaftigkeit soll das Gute, das in eurem Leben begonnen hat, zur Vollendung kommen. Dann werdet ihr vollkommen und makellos sein, und es wird euch an nichts mehr fehlen." An vielen

Stellen macht Gott uns Mut, nicht aufzugeben (zum Beispiel in Nehemia 8,10).

Judy hielt siebzehn Jahre in ihrem Kampf gegen den Krebs durch. Das tat sie, damit sie für ihre Familie da sein konnte. Sie lief das Rennen auf dem Kurs, den Gott ihr vorgegeben hatte, und am Ende schickte Gott ihr einen kleinen Hund, der ihr immer wieder eine Dosis Freude verabreichte, bis sie die Ziellinie durchquerte und in Gottes Arme lief.

Wie auch immer Ihr Rennen aussieht – Gott kennt Ihr Leid und möchte auch Ihnen immer wieder eine Dosis Freude schenken, die Ihnen den Weg leichter macht, bis Sie bei ihm am Ziel sind.

Ein Engel mit Fell

Engel bringen vom Himmel dort oben
ein Echo der Gnade, ein Flüstern der Liebe.
Fanny J. Crosby

Wenn Sie Andre gefragt hätten, ob er ein Engel ist, hätte er das nicht mit Worten bejaht. Eher hätte er Sie angeschaut oder wäre Ihnen auf den Schoß gesprungen. Und bestimmt hätte er Ihnen seine Pfote gereicht oder Ihnen einen Hundekuss geschenkt. Das war seine typische Art, Kontakt aufzunehmen, und das machte er ganz bewusst. Und wenn er ein wenig Licht in Ihren Tag gebracht hätte, dann würde er weitertrotten, um das nächste Objekt seiner Zuneigung zu suchen. Denn Engel haben eben immer viel zu tun, selbst solche, die ein Fell tragen.

Jack und Pamela waren Andres menschliche Gefährten. Sie waren zwar nicht die ersten, zu denen er gehörte, aber sie waren diejenigen, die ihn als „Engel im Pudelkostüm" bezeichneten.

Pamela schrieb ein Buch mit genau diesem Titel und das machte Andre berühmt. Allerdings war ihm das ziemlich egal. Sehr viel prickelnder fand er es, Schulkinder in ganz Arizona zu besuchen. Darum wurde er in das Programm „Charakter zählt" aufgenommen, denn seine Geschichte sollte Kinder dazu motivieren, sich um Menschen zu kümmern, so wie Andre es tat. Sobald Andre ihnen nämlich gezeigt hatte, wie wunderbar es war, anderen zu helfen und sie zu ermutigen, wollten sie das unbedingt auch tun. Und wenn sie dann gefragt wurden: „Was hast du aus Andres Geschichte gelernt? Was willst du heute tun, um ihm ähnlich zu sein?", antworteten sie: „Nett zu meinem kleinen Bruder sein" oder: „Meine Spielsachen mit anderen teilen."

Jack und Pamela lernten Andre bei einer Feier im Haus von Freunden kennen. Der Zwergpudel hopste sofort in Jacks Arme. Es war Liebe auf den ersten Hundekuss. Andre gehörte der Tochter des Hauses, aber sie würde bald aufs College gehen und ihre Eltern hatten den Eindruck, dass sie für Andre ein neues Zuhause suchen sollten. Jack wusste, dass er und Pamela diesen Hund brauchten, und so fügte sich alles zusammen.

Es war Pamelas Idee, das Buch zu schreiben, und eine Freundin vermittelte ihr Besuche auf Buchmessen und in Schulen. Andre hatte das Talent, die Menschen ausfindig zu machen, die ihn am meisten brauchten. In einer Schule machte er die Runde und endete auf dem Schoß eines Kindes, das oft verloren wirkte und in der Schule nicht klarkam. Der Rektor war verblüfft, dass Andre unter den 300 Kindern genau dieses gefunden hatte!

Andre war auch Erwachsenen gegenüber sehr einfühlsam. Einmal nahmen Jack und Pamela ihn zu einer Einladung zum Abendessen mit. Eine Frau unter den Gästen hatte früher einmal schlechte Erfahrungen mit einem Hund gemacht. Andre hüpfte von einem Schoß zum anderen und die Frau reagierte recht beunruhigt. Andre aber leckte ihren Löffel ab, reichte ihr seine Pfote und sprang schließlich auch bei ihr auf den Schoß. Ihre Einstellung zu Hunden verwandelte sich daraufhin ins Gegenteil und sie hätte Andre am liebsten mit nach Hause genommen.

Andre war ein älterer Herr von fünfzehn Jahren, als er einen Schlaganfall hatte und eingeschläfert werden musste. Wie es schien, war sein heilsames Wirken auf dieser Erde nun beendet. Aber das war es nicht. Seine beiden Menschen ahnten nicht, dass er aus dem Grab noch einmal eine Pfote herüberreichen würde, um Pamela im Alter von 45 Jahren den Abschied nach einer Krebserkrankung zu erleichtern.

Jack und Pamela lebten inzwischen im Bundesstaat Utah. Sie hatten dort im Jahr 2002 die Olympischen Spiele besucht und sich in ein Haus verliebt, das auf einem Hügel lag. Sie waren dorthin gezogen, und kurz danach stellten die Ärzte bei Pamela Eierstock-Krebs fest.

Im Rückblick ist Jack überzeugt, dass der Verlust von Andre sie auf Pamelas Sterben vorbereitet hatte, doch Andres Rolle ging noch viel weiter. Obwohl er nicht mehr da war, lebte er doch in Pamelas Herz weiter. Irgendwann erkannte Jack, dass der kleine Engel im Pudelkostüm Pamela vielleicht auf ihrer schwierigen letzten Reise begleiten könnte. Andre war in ihrem Garten begraben worden. Jack fragte Pamela, ob sie sich wünschen würde, dass Andre mit ihr gemeinsam in ihrem Sarg bestattet wurde. „Meinst du, das geht?", fragte Pamela freudig überrascht.

Pamela starb an einem Tag, der mit dunklen Wolken am Himmel begann. Irgendwann brachen sie auf und die Sonne schien hindurch. Pamela trat ihre Reise in den Himmel an und mit einer kleinen Holzkiste in ihrem Sarg ging ihr letzter Wunsch in Erfüllung.

Ich glaube, Andre gefiel das. Er war so bedacht darauf, Menschen Gutes zu tun und ihre Bedürfnisse zu erfüllen. Nichts tat er lieber, als Liebe und Trost weiterzugeben. Und nun durfte er das ein letztes Mal für seine Pamela tun. Auf eine höchst ungewöhnliche und einzigartige Weise konnte er sie durch eine sehr schwere Zeit in ihrem Leben begleiten, und das passt ja zur Dienstbeschreibung eines von Gott gesandten Engels.

Auch Jack bekam von Gott einen Engel geschickt. Allerdings nicht einen, den er sich anfangs gewünscht hatte. Doch schließ-

lich öffnete er sich für Gottes Segen und ist inzwischen mit einer wunderbaren Frau namens Julie verheiratet.

Ich glaube, Andre war nicht nur ein Engel im Pudelkostüm, sondern ein heilsames Geschenk von Gott, das auf eine tiefere Wahrheit hindeuten sollte. Gott kümmert sich um jeden Einzelnen von uns, er kennt unser Leid und sucht nach uns, damit er unsere tiefsten Bedürfnisse erfüllen kann.

Jesus, der menschgewordene Gott, tat genau dies, auch wenn er wusste, dass er sich damit Ärger einhandelte – wie zum Beispiel, als er am Sabbat in der Synagoge eine Frau heilte: „Jesus lehrte an einem Sabbat in einer Synagoge. Unter den Zuhörern war eine Frau, die seit achtzehn Jahren unter einem bösen Geist zu leiden hatte, der sie mit einer Krankheit plagte. Sie war verkrümmt und völlig unfähig, sich aufzurichten. Jesus bemerkte sie und rief sie zu sich. ,Liebe Frau', sagte er, ,du bist frei von deinem Leiden!', und er legte ihr die Hände auf. Im selben Augenblick konnte sie sich wieder aufrichten, und sie fing an, Gott zu preisen" (Lukas 13,10-13).

Die meisten Leute in der Synagoge waren begeistert, aber der Synagogenvorsteher reagierte empört, weil Jesus am Sabbat „gearbeitet" hatte. Und dabei wirkte hier *Gott selbst!* Jesus erwiderte, dass die Menschen ja schließlich auch ihren Tieren am Sabbat halfen, warum sollte er dann nicht einem leidenden Menschen helfen?

Jesus kümmerte sich ganz bewusst um diese Frau, und nicht nur um sie, sondern auch um viele andere. Seine Liebe und sein Mitgefühl bewegten ihn dazu. In Matthäus 9,35-36 heißt es: „Jesus zog durch alle Städte und Dörfer jener Gegend. Er lehrte in den Synagogen, verkündete die Botschaft vom Reich Gottes und heilte alle Kranken und Leidenden. Als er die Scharen von Menschen sah, ergriff ihn tiefes Mitgefühl; denn sie waren erschöpft und hilflos wie Schafe, die keinen Hirten haben."

Doch die größte Heilung, die Jesus bewirkte, sollte noch kommen. Jesus überwand den Tod, ließ seine Grabgewänder zurück und fuhr zum Vater im Himmel auf. So sehr Pamela das Sterben durch die Aussicht erleichtert wurde, dass Andre

mit ihr zusammen begraben werden würde, so war ihr größter Trost – und es ist der Trost aller, die ihr Leben Christus anvertrauen – die Verheißung, von den Toten auferweckt zu werden und die Ewigkeit bei Gott zu verbringen.

Bis dahin aber möchte Gott, dass auch wir bewusst anderen helfen, und das nicht aus unserer Kraft, sondern aus seiner. Dadurch ändert sich unser Leben und spiegelt etwas von Gottes Licht wider (vergleiche 2. Korinther 3,18).

Begleiter auf der letzten Reise

Mögest du alle Tage deines Lebens leben.
Jonathan Swift

Cynthias Arbeit als Krankenschwester, die ihre Patienten zu Hause betreut, führte sie natürlich nicht zu Leuten, die bei blühender Gesundheit waren, sondern meistens zu alten Menschen, deren Gesundheit immer schwächer wurde und deren Leben sich dem Ende zuneigte. Dabei lernte sie zwei Patienten kennen, die durch die Anwesenheit eines geliebten Vierbeiners auf die eine oder andere Weise aufgemuntert wurden. Für kurze oder auch längere Zeit verlangsamte die liebevolle Berührung einer Hundepfote das Fallen des Vorhangs und brachte ein wenig Sonnenschein in das zu Ende gehende Leben. Und das machte einen enormen Unterschied!

Ein Patient, den Cynthia eine Zeit lang besuchte, hatte erst vor Kurzem seine Frau verloren. Nach ihrem Tod verschlechterte sich seine Krankheit. Aber er hatte sich nach dem Verlust seiner Frau einen kleinen Hund angeschafft und dieser wurde für ihn zu einem Betreuer auf vier Pfoten. Der Hund war immer bei ihm. Er saß bei ihm auf dem Schoß und kuschelte

sich manchmal zu ihm ins Bett. Das Tier gab ihm einen Grund weiterzuleben.

Das wirkte sich sowohl körperlich als auch seelisch positiv auf den alten Mann aus. Er war motiviert, sich mehr um seine Gesundheit zu kümmern, hielt sich an die Ernährungsvorgaben, nahm seine Medikamente und ging zur Physiotherapie. Seelisch, so erzählte er Cynthia, fühlte er sich durch seinen vierbeinigen Freund viel besser.

Eine andere Patientin, die durch ihren Hund aufgemuntert wurde, war eine Frau, die an Alzheimer litt. Sie konnte sich an niemanden aus ihrer Familie mehr erinnern, aber den Hund erkannte sie. Sie saß auf einem Stuhl, rief ihren fellnasigen Freund zu sich und kraulte ihn. Wenn sie mit ihm zusammen war, schien sie fast normal. Danach verblassten ihre Erinnerungen wieder.

Was diese beiden Beispiele zeigen: Selbst in der Abenddämmerung des Lebens kann man einen Hund lieben und von ihm geliebt werden, und das kann sehr positive Auswirkungen haben. Dasselbe gilt für die Liebe, die Gott uns schenkt und die wir ihm entgegenbringen. Vielleicht gibt es dafür kein besseres Beispiel als das des Verbrechers, der zusammen mit Jesus gekreuzigt wurde. Wir wissen nicht, ob er alt war, aber auf jeden Fall war seine Lebenszeit vorüber.

Eigentlich waren es ja zwei Verbrecher, die links und rechts von Jesus am Kreuz hingen. Der eine war unhöflich und respektlos. „Du bist doch der Messias, oder nicht?", höhnte er. „Dann hilf dir selbst, und hilf auch uns!" (Lukas 23,39).

Nicht so der andere. Unter qualvollen Schmerzen und angesichts einer Ewigkeit fern von Gott berührte ihn die opferbereite Liebe von Christus. Er bekannte seine eigene Sünde und die Unschuld von Jesus. Und dann bat er: „Jesus, denk an mich, wenn du deine Herrschaft als König antrittst" (Lukas 23,42).

Und was antwortete Jesus darauf? „Ich sage dir: Heute noch wirst du mit mir im Paradies sein" (Lukas 23,43). Bei Jesus ist es nie zu spät für eine Umkehr (vergleiche Apostelgeschichte 3,19).

Für Cynthias Patienten fiel der Vorhang des Todes dank ihrer liebevollen Hunde etwas langsamer. Diese Tiere waren ein

Geschenk von Jesus, denke ich. Jesus aber hat noch viel mehr getan. Für jenen Verbrecher und für alle anderen, die ihn in sein Leben aufnehmen, hat er den Vorhang des Todes zerrissen und unseren Ausgang aus diesem Leben in einen Übergang ins ewige Leben verwandelt, wo auf die Kinder Gottes so viel Wunderbares wartet, wie wir es uns nicht ansatzweise vorstellen können.

Ridge springt in die Bresche

Ich wusste nicht, wie ich zu ihm gelangen, wo ich ihn erreichen konnte ... Es ist so geheimnisvoll, das Land der Tränen.
Antoine de Saint-Exupéry, Der kleine Prinz[3]

Donna hatte den Eindruck, dass Ridge sie brauchte. Aber sie wusste nicht, dass sie ihn eines Tages noch viel mehr brauchen würde. Es ist ein Segen, dass wir die Zukunft nicht immer kennen ... aber Gott kennt sie.

Ridge ist ein Hund. Ein Weimaraner, genauer gesagt. Donna erfuhr von ihm durch eine Anzeige in einem wöchentlich erscheinenden Anzeigenblatt. Interessanterweise hatte sie seit Jahren dort nicht mehr hineingeschaut. In der Anzeige hieß es, dass Ridges Besitzer, Barbara und Denny, ihn abgeben mussten. Donna hatte zwei Hunde, drei Morgen Land und viel Platz. Außerdem hatte sie das Gefühl, dass sie auf diese Anzeige reagieren sollte.

Donna rief Barbara an und sie führten ein schönes Gespräch miteinander. Donna erfuhr, dass einer von Barbaras Söhnen Ridge gerettet hatte. Doch nun hatten sich die familiären Umstände geändert und Ridge bekam nicht mehr genug Zuwendung von seinen Menschen. Er bellte viel, weil er zu lange allein zu Hause sein musste. Barbara hoffte, ihn an Leute vermitteln zu können, die mehr Zeit für ihn hatten. Donnas Situation

schien für ihn zu passen, und so bot Barbara ihr an, den Hund einmal bei Donna vorbeizubringen, damit sie einander kennenlernen konnten.

Ridge erleichterte sich auf Donnas Sofa und sie interpretierte es als seine Art zu sagen: „Das ist jetzt mein Revier." Außerdem hörte er gar nicht mehr auf, mit dem Schwanz zu wedeln. Er hatte viel Spaß beim Spielen mit Donnas vier Monate altem Weimaraner-Welpen und auch der zwölfjährige Dobermann schien Ridge zu mögen. Donna wurde klar, dass sie nun einen neuen Hund hatte.

Wie sich herausstellte, hatten sie und ihr Mann Vic mit Barbara und ihrem Mann auch noch neue Freunde gefunden. Die beiden Ehepaare glaubten an Gott und verstanden sich gut miteinander. Bald schon besuchten sie gemeinsam Gottesdienste, Feste und Wohltätigkeitsveranstaltungen. So vergingen ungefähr vier Jahre. Das Leben war schön. Doch dann änderte sich alles von einem Moment auf den anderen.

Es geschah in Donnas Küche und traf sie wie ein Blitzschlag. Vic erlitt eine Hirnblutung und starb. Er war ein fitter und gesunder 72-Jähriger gewesen. Donna und er waren 34 Jahre verheiratet. Nun war er plötzlich nicht mehr da.

Es war eine riesige Umstellung. Donna hatte einen erwachsenen Sohn, der aber aus beruflichen Gründen oft drei Monate am Stück unterwegs sein musste. Nun war sie diejenige, die allein zu Hause blieb, abgesehen von ihren Tieren, zu denen inzwischen vier Hunde, drei Pferde und ein sehr gesprächiger Papagei gehörten.

Glücklicherweise waren die Hunde für sie da. Sie schienen zu wissen, dass Vic nicht mehr wiederkommen würde, und so traten sie in die Bresche. Vor Vics Tod hatten sie in einem großen Hundebett am Fußende des Ehebetts geschlafen. Nun schlief Ridge auf Vics Kopfkissen, wobei er mit seinem Kopf den von Donna berührte. Donna gewöhnte sich daran, so zu schlafen. Die anderen Hunde kamen nun auch hoch auf das große Bett und passten die ganze Nacht auf Donna auf.

Alle vier Hunde kümmern sich rührend um Donna, aber

Ridge ganz besonders. „Er schaut mich direkt an. Er ist so ein lieber Kerl", sagt sie. „Er tröstet mich, schmiegt sich an mich. Er kommt her und legt seinen Kopf auf meinen Nacken oder die Brust."

„Wenn ich diese Hunde und besonders Ridge nicht hätte – ich weiß nicht, was passiert wäre", ergänzt Donna. „Es ist gar keine Frage, dass ich mich von der Trauer viel schneller erholte, weil sie da waren. Sie haben für mich vieles einfacher gemacht." Donna fühlt sich mit den Hunden auch sicherer, und sie haben ihr deutlich gezeigt, dass sie da sind, um sie zu beschützen. Unter anderem unterziehen sie jeden Besucher einem „Schnüffel-test". Als Vic noch da war, machte sich Donna keine Gedanken um ihre Sicherheit, aber jetzt ist die Lage anders. Doch dank der Hunde kann sie ganz beruhigt sein. Wenn sie das Haus verlässt, sagt sie den Hunden, wohin sie geht, wie lange sie wegbleiben und wann sie wiederkommen wird. Zumindest fühlt sie sich gut dabei, wenn sie das tut.

Auch Barbara und Denny waren für Donna eine große Stütze. „Sie sind solch ein Segen für mein Leben und dieser Segen kam durch Ridge", meint sie.

Ridge und die anderen Hunde sind für Donna wie eine Brücke über ein unruhiges Gewässer hinüber in das neue Leben, das Gott für sie bereithält. Sie weiß, dass Gott ihr diesen Hund gegeben hat, und dafür ist sie dankbar.

Die Israeliten brauchten auch Hilfe, nachdem sie einen großen Verlust erlitten hatten, und Gott gab sie ihnen in der Person eines führenden Mannes namens Josua. Schon als junger Mann war Josua Moses Helfer gewesen. Er gehörte zu den zwölf Spionen, die Mose nach Kanaan entsandte, und nur er und Kaleb ermutigten die Israeliten, auf Gott zu vertrauen und das Land einzunehmen. Als die Israeliten davor zurückschreckten und eine ganze Generation in der Wüste umherwanderte und schließlich umkam, wurden Josua und Kaleb verschont. Doch so wichtig Josuas Rolle auch war, er war nicht die Hauptperson, auf die Gottes Volk sich verließ. Das war immer noch Mose – und nun würden sie ihn verlieren.

Anders als bei Vic kam der Tod von Mose nicht unerwartet. Zum einen war er schon hundertzwanzig Jahre alt, zum anderen hatte Gott ihm gesagt, dass er aufgrund eines früheren Ungehorsams das verheißene Land nicht betreten würde. Er durfte auf einen Berg steigen und es von dort aus sehen, dann starb er, und Gott selbst begrub ihn – wo, das weiß niemand (5. Mose 34).

Die Israeliten trauerten dreißig Tage um Mose. Aber Gott hatte schon einen Nachfolger für ihn ausgewählt: Josua sollte in die Bresche springen. Nun war er der oberste Befehlshaber. Er sorgte dafür, dass die Israeliten ihre Trauer überwinden konnten, indem er Moses Platz einnahm und wie dieser große Prophet das Volk daran erinnerte, dass es sich an Gottes Gebote halten und den Götzendienst meiden sollte. Josua übernahm auch die Verantwortung für die Sicherheit des Volkes – wenn sie taten, was er ihnen sagte und was Gott sagte. Unter Josuas Führung eroberten die Israeliten dann tatsächlich das Land Kanaan, aber sie blieben Gott nicht treu und mussten deswegen leiden.

Wenn ich über die Rolle von Ridge und von Josua nachdenke, dann sehe ich darin auf ganz unterschiedlichen Ebenen Gottes Barmherzigkeit und Fürsorge. Er wünscht sich, dass wir ihn am meisten und an erster Stelle lieben. Aber er versteht auch, dass wir als Menschen greifbare Brücken brauchen, die uns über unseren Verlust hinwegtragen. Gott bereitet die richtigen Brücken vor und schenkt sie uns zu gegebener Zeit. Das habe ich selbst so erfahren, als meine Mutter starb. Meinen Vater habe ich schon vor Jahrzehnten verloren und ich bin ihr einziges Kind. Ich dachte immer, wenn meine Mutter stirbt, wäre ich wie eine Waise. Aber dann stellte sich heraus, dass gute Freunde von mir, die Gott schon vor vielen Jahren in mein Leben geführt hat, für eine Übergangszeit eine Wohnung brauchten. Drei Monate nach dem Tod meiner Mutter zogen sie bei mir ein. Sie blieben etwas mehr als ein Jahr, genau die Zeit, die ich brauchte, um den Nachlass meiner Mutter zu regeln. Sogar der Apostel Paulus schreibt von einer solchen Erfahrung an die Gemeinde in Korinth (vergleiche 2. Korinther 7,57).

Haben auch Sie es mit Trauer und einem Verlust zu tun?

Gott weiß es. Und derselbe Gott, der für das Volk Israel sorgte und für Donna und mich, der kümmert sich auch um Sie. Vertrauen Sie ihm und er wird Ihnen die Brücke bauen, die Sie brauchen, um die unruhigen Gewässer zu überqueren und in die Zukunft zu gehen, Hand in Hand mit ihm!

Ein ganz spezieller Wachhund

In der Warnung liegt Kraft.
Lew Wallace, Ben-Hur

So ziemlich die beste Krankenversicherung, die meine Mutter in den letzten Jahren ihres Lebens hatte, war ihr treuer kleiner Hund Pixie. Er war halb Pekinese, halb Pudel und von Kopf bis Fuß auf Liebe eingestellt. Die beiden waren ein Herz und eine Seele. Pixie hatte ein feines Gespür für die Bedürfnisse seines Frauchens. Wenn er merkte, dass sie Hilfe brauchte, sauste er los und funktionierte wie ein lebendiger Alarmknopf.

Meine Freundin Hana war eine von Mutters Pflegerinnen und erinnert sich genau, wie es war. Mutters Zimmer lag auf der Rückseite des Hauses. Die Küche war um einiges entfernt am anderen Ende eines langen Flurs. Wenn meine Mutter und Hana allein waren und meine Mutter hungrig wurde, bat sie Hana, etwas zu essen zu machen, während Pixie bei ihr blieb. Hana war nie lange weg, aber hin und wieder gab es bei Mutter ein Problem, und dann raste Pixie los wie ein geölter Blitz, um ihre Pflegerin zu holen.

Als Pixie das erste Mal ganz aufgeregt in die Küche kam, wusste Hana nicht, was los war. Kurz darauf rief Mutter aus ihrem Zimmer über das Haustelefon in der Küche an. Offenbar hatte Pixie Hana sagen wollen, dass meine Mutter sie brauchte,

und als sie das erkannte, achtete sie von da an genau auf den kleinen Hund.

Einmal holte Pixie sie, weil meine Mutter gestürzt war. Hana fand sie auf dem Fußboden. Glücklicherweise trug sie nur ein paar blaue Flecken davon und keinen bleibenden Schaden. Bei anderen Gelegenheiten spürte Pixie eine seelische Not bei seinem Frauchen. Meine Mutter war schon sehr alt, ihre Gesundheit ließ nach, und sie musste sich mit dem Gedanken an ihre eigene Sterblichkeit auseinandersetzen. Manchmal wurde sie plötzlich von Furcht überwältigt und dann brauchte sie schnell jemanden an ihrer Seite. Pixie war so einfühlsam, dass er ihre Angst bemerkte und sein Bestes tat, um ihr zu helfen. Es gab auch Momente, in denen meine Mutter sich einfach nicht gut fühlte. Was auch immer der Grund dafür war, Pixie lief sofort in die Küche und verhielt sich so besorgt und aufgewühlt, dass Hana wusste, sie musste schnell nach meiner Mutter sehen.

Wenn Pixie sich Sorgen machte, merkte man das gleich, denn er verhielt sich dann ganz anders, als wenn es meiner Mutter gut ging. War alles in Ordnung, dann lag er ruhig auf dem Boden neben ihr. Er war also eine Art Barometer auf vier Beinen, das anzeigte, wie es meiner Mutter ging, und dafür war sie ihm sehr dankbar.

Zu wissen, dass Pixie Hilfe holen würde, wenn es nötig war, muss für sie ein großer Trost gewesen sein, und für Hana war es auch beruhigend. Sie fühlte sich besser, wenn sie in der Küche arbeitete und wusste, dass Pixie kommen und ihr Bescheid geben würde, wenn meine Mutter ein Problem hatte. Ich denke, in dieser Zeit entstand eine enge Bindung zwischen Hana und Pixie, und das führte nach Mutters Tod zu einer unerwarteten Wendung.

Als meine Mutter gestorben war, gab es zunächst eine Übergangszeit. Ich bot Hana an, dass sie für ein paar Monate weiter in Mutters Haus wohnen konnte, und sie nahm es dankbar an. Dann sah ich mich nach einem neuen Zuhause für Pixie um (ich selbst hatte schon mehrere Tiere und konnte ihn nicht aufnehmen). Während ich auf der Suche war, schien es mir am

besten, wenn er zunächst dort blieb, wo er fast sein ganzes Leben verbracht hatte.

Ein Hausmeister-Ehepaar kümmerte sich um das Grundstück und wohnte auch dort, und so waren Hana und Pixie nicht allein. Doch an einem Wochenende war das Ehepaar verreist, und Hana fühlte sich unwohl bei dem Gedanken, allein im Haus zu sein. Sie merkte, dass auch Pixie sich ein wenig verloren vorkam. Also nahm sie ihn mit in ihr Zimmer und legte ein Hundebett für ihn auf den Fußboden. Das gefiel ihm. Von da an blieb er nachts immer bei ihr. Nun hatte sie keine Angst mehr, denn sie dachte sich: Wenn jemand ins Haus kam, würde Pixie bellen und sie aufwecken. So sorgte Pixie dafür, dass sie sich keine Sorgen machen musste, und das war sehr heilsam für sie.

Ich versuchte, Pixie bei einer Cousine unterzubringen, doch das klappte nicht.

Schließlich blieb Pixie bei Hana, die inzwischen umgezogen war. Er füllte eine Lücke in ihrem Leben, die sie vorher gar nicht bemerkt hatte, und er war glücklich, seine noch verbleibenden Jahre bei Hana und ihrer Familie zu verbringen.

Als ich mir vor Augen hielt, wie Pixie Hana immer zu meiner Mutter gerufen hatte, kam er mir wie eine Art „Gesundheitswächter" vor. Die Propheten des Alten Testament hatten eine ähnliche Aufgabe, allerdings war es hier umgekehrt: Gott beauftragte sie, die Israeliten zu ihm zu rufen, jedoch nicht um *seiner* Gesundheit willen, sondern um ihretwillen. In Hesekiel 33,7 und 11 sagt Gott zu dem Propheten: „Dich, Mensch, habe ich zum Wächter für das Volk Israel bestimmt. Du sollst mir gut zuhören, wenn ich dir eine Botschaft gebe, und die Israeliten in meinem Auftrag warnen … Ich, Gott, der Herr, schwöre, so wahr ich lebe: Mir macht es keine Freude, wenn ein Gottloser sterben muss. Nein, ich freue mich, wenn er von seinen falschen Wegen umkehrt und am Leben bleibt. Kehrt um, verlasst die alten Wege! Warum wollt ihr sterben, ihr Israeliten?" Und Gott ließ auch durch die Propheten die Freude auf die Zukunft verkündigen (zum Beispiel in Jesaja 52,8-9).

Dieser Ruf zur Heilung und zur Umkehr galt nicht nur den Israeliten von damals. Er gilt allen Völkern aller Generationen. Gott ruft uns, auch diejenigen, die sich weiter von ihm entfernt haben als nur bis zur Küche am Ende des Flurs. Ich glaube, meine Mutter folgte dem Ruf Gottes, indem sie ihr Vertrauen auf Jesus, ihren Messias, setzte. Ich bin sicher, sie ruhte in Gottes Armen, als ihr Leben zu Ende ging, und er tröstete sie auf eine Weise, wie kein Mensch es kann. Hana und ich waren beide bei ihr, als sie friedlich einschlief und diese Welt verließ, und wir freuen uns darauf, sie vor Gottes Thron wiederzusehen.

Auf der Schwelle zur Ewigkeit

Je dunkler die Nacht, desto heller die Sterne,
je tiefer der Kummer, desto näher ist Gott!
Fjodor Dostojewski

Karen ahnte nicht, was für eine besondere Erfahrung auf sie zukommen würde, als sie vom Hospizdienst, für den sie arbeitete, angerufen wurde. Es ging um die Anfrage eines Patienten in einem Pflegeheim. Er wünschte sich Besuche von einem Therapiehund, aber nicht von irgendeinem. Es musste ein Collie sein. Karen war die einzige Mitarbeiterin, die Collies hatte, darum erhielt sie den Anruf.

Karens Collie Rocky wurde für diese Aufgabe ausgewählt und der Patient genoss die Besuche. Karen ging einmal pro Woche dorthin. Die Zeit mit dem Hund schien den Mann aufzumuntern und für eine Weile ging es ihm sogar besser. Eigentlich wollte er nicht in dem Pflegeheim wohnen, aber nachdem Rocky in sein Leben getreten war, nahm er verstärkt an den angebotenen Aktivitäten teil.

Einmal brachte Karen einen anderen Therapiehund mit, eine Hündin namens Raven. Sie sei ja ganz lieb, meinte der Mann, aber könnte Karen bitte lieber wieder Rocky mitbringen? Erst viel später erfuhr Karen den Grund für seine Bitte. Er zeigte ihr das Foto eines Hundes, den er vor vielen Jahren besessen hatte, als seine Kinder noch klein waren. Er sah Rocky zum Verwechseln ähnlich. Kein Wunder also, dass der Rüde sein Herz so schnell erobert hatte!

Nach einiger Zeit wurde der Mann in ein Hospiz gebracht. Karen und Rocky besuchten ihn dort am letzten Abend seines Lebens. Er war von seiner Familie umgeben und war teilweise verwirrt, aber trotzdem streichelte er Rocky. Karen und Rocky blieben nur wenige Minuten. Später am Abend starb der Mann. Karen und Rocky nahmen auf Bitte der Familie an der Trauerfeier teil und wurden dort offiziell allen vorgestellt.

Rockys Besuche hatten die letzten sechs Lebensmonate dieses Mannes für ihn angenehmer gemacht. Obwohl der Mann am Ende starb, hatte Rocky doch einen heilsamen Einfluss auf ihn gehabt. Er und Karen sind nicht das einzige Mensch-Hund-Team, das Sterbende auf ihrem letzten Weg begleitet und ihnen hilft.

Auch Gale, von der wir bereits in mehreren Kapiteln erzählt haben, ist mit ihren Hunden intensiv in der Therapiearbeit engagiert, und dazu gehören ebenfalls Hospizbesuche. Drei oder vier Jahre nachdem sie damit begonnen hatte, kam eine Zeit, in der sie, wie sie selbst sagt, zum „zweifelnden Thomas" wurde. Sie war sich nicht mehr sicher, ob Gott sie weiter in dieser Arbeit haben wollte. Also betete sie um Führung, und Gott gebrauchte eine Hospizpatientin, um ihr den Weg zu zeigen.

Gale erhielt einen Anruf von einer ehrenamtlichen Hospizmitarbeiterin. Es ging um eine Frau, die im Sterben lag. Früher hatte sie einmal mit Wölfen gearbeitet. Gales Therapiehund Mysti, eine Belgische Schäferhündin, von der wir schon erzählt haben, sah ein bisschen wie ein Wolf aus. Gale nahm Mysti mit und besuchte die Frau.

Die Patientin war meistens verwirrt und hatte nur selten kla-

re Momente, die nicht länger als fünf Minuten andauerten. Als sie Mysti erblickte, wollte sie den Hund bei sich auf dem Bett haben. Mysti legte sich neben sie, und die Frau schlang ihre Arme um den Hals ihrer neuen vierbeinigen Freundin, begrub ihr Gesicht in ihrem Fell und weinte. Danach war sie völlig klar und unterhielt sich eine halbe Stunde lang mit Gale über Wölfe. Die ehrenamtliche Mitarbeiterin staunte.

Als Gale und Mysti das Hospiz wieder verließen, schaute Gale erst ihren Hund an, dann blickte sie hinauf zum Himmel. „Jetzt weiß ich, warum ich das alles tue", rief sie. Im Rückblick war dies ein unglaublich heilsamer Augenblick und ein echter Wendepunkt in ihrem Leben.

Gale und Mysti besuchten ihre neue Freundin noch mehrere Male, bis sie schließlich verstarb. Bei ihrem zweiten Besuch waren auch einige Familienangehörige da. Auch dieses Mal führte die Frau ein zusammenhängendes Gespräch. Ihre Verwandten waren überrascht, glücklich und dankbar. Mysti hatte bei dieser Frau eine Tür geöffnet. Die Hündin war wie eine lebendige Brücke, die eine Kommunikation ermöglichte. Auf diese Weise konnte die Familie noch einige kostbare Augenblicke mit ihrer Angehörigen verbringen, was wohl sonst nicht mehr möglich gewesen wäre.

Chris und sein Therapiehund Daisy durften einem kleinen Mädchen helfen, das an Krebs starb. Beim ersten Besuch saß das Kind in einem Sitzsack. Daisy ging hin und legte ihren Kopf auf den Schoß des Mädchens und die Kleine berührte mit ihrer Hand Daisys Fell. Chris und Daisy besuchten das Mädchen vier- oder fünfmal. Die Mutter des Kindes betonte Chris gegenüber immer wieder, wie sehr Daisy ihrer Tochter und der ganzen Familie geholfen hatte.

Chris brachte alle seine Therapiehunde – Daisy, Stormy und Ty – mit zu einer Mutter, die im Hospiz gepflegt wurde. Er lernte dort auch ihren Mann und die beiden Söhne kennen. Sie freuten sich immer sehr, wenn sie die Hunde sahen. Die Besuche waren für die Familie so hilfreich, dass sie Chris baten, auch bei ihnen zu Hause vorbeizukommen. Wenn er mit den

Hunden dort war, blieb er oft zwei oder drei Stunden. Chris und die Hunde verbrachten einfach Zeit mit der Patientin und hörten ihr zu, wenn sie erzählte. Danach unterhielt Chris sich mit der Familie. Der Ehemann berichtete Chris, dass seine Frau immer von den Hunden sprach, wenn er wieder weg war. Die Besuche verschafften der Familie eine Atempause mitten in ihrer traurigen Situation.

Alle diese Patienten und ihre Familien erhielten in einer schweren Zeit ihres Lebens ein kostbares Geschenk. Die Gegenwart eines liebevollen Hundes tat ihnen auf einzigartige Weise gut. In der Bibel findet sich ein Bericht über eine besondere Frau, die Jesus auch ein einzigartiges Geschenk machte, kurz bevor er den qualvollen Tod am Kreuz erleiden musste.

Jesus war nicht krank und er wurde nicht im Hospiz gepflegt, aber auch er wusste, dass sein Ende kam. Er war nach Betanien zurückgekehrt, wo ihm zu Ehren ein Festessen gegeben wurde. Maria, die Schwester von Lazarus, salbte ihn mit kostbarem Parfümöl aus einem Krug, und das gefiel Judas, dem Jünger, der Jesus kurz danach verraten sollte, gar nicht. Er nörgelte, das sei reine Verschwendung; das Salböl hätte man doch verkaufen und den Erlös den Armen geben können. In der Bibel heißt es dazu, dass Judas sich in Wirklichkeit nur ärgerte, weil er keine Chance hatte, den betreffenden Betrag zu stehlen.

Aber wie reagierte Jesus? Er verteidigte Maria. In Johannes 12,7-8 steht, was er Judas entgegnete: „Lass sie! Dadurch, dass sie dieses Öl aufbewahrt hat, konnte sie mich im Hinblick auf den Tag meines Begräbnisses salben. Arme, um die ihr euch kümmern könnt, wird es immer geben. Mich aber habt ihr nicht mehr lange bei euch."

Jesus wusste, dass er bald am Kreuz hängen und für die Sünden der ganzen Welt sterben würde. Er sah nicht nur den körperlichen Tod auf sich zukommen, sondern auch die Trennung vom Vater. Sein Ableben aus dieser Welt würde so schrecklich sein, dass er später in Vorahnung Blutstropfen schwitzen würde. Er wusste, man würde ihn ablehnen und verspotten und selbst Petrus würde ihn verleugnen. Doch diese Frau schien zu verste-

hen, was geschah, und so zeigte sie Jesus auf geradezu verschwenderische Weise ihre Liebe und Zuneigung. Ich glaube, dass dies sein Herz erwärmte und ihm in einer der schlimmsten Zeiten seines Lebens half. Marias Handeln, von Liebe und Verehrung geprägt, war eine heilsame Berührung, die zwar nicht verhindern konnte, was Jesus durchmachen musste, ihn aber stärkte und ihm in seiner Traurigkeit eine Atempause verschaffte.

Heilsame Berührungen gibt es in allen Formen und Größen und nicht alle vermögen uns zu heilen. Manche machen die Last, die wir tragen müssen, nur ein wenig leichter. Kennen Sie jemanden, der unter Kummer und Verlust leidet und heute die heilsame Berührung durch Ihre liebevolle Gegenwart braucht? Jesus verspricht, Ihnen und diesen Menschen nahe zu sein: „Nahe ist der Herr denen, die ein gebrochenes Herz haben. Er rettet alle, die ohne Hoffnung sind" (Psalm 34,19).

Viele Pfoten schaffen ein schnelles Ende

„Viele Hände schaffen ein schnelles Ende", heißt bei uns ein Sprichwort. Dasselbe gilt für Pfoten. Und so war es auch bei diesem Buch. Ich bin all jenen unendlich dankbar, die bereit waren, ihre Erlebnisse auf diesen Seiten mit anderen zu teilen. Mein besonderer Dank gilt Dottie P. Adams und Pastor Jim Leonard für ihre Begutachtung des Manuskripts und die Verbesserungsvorschläge.

Vor allem aber danke ich Gott, unserem großen Arzt, der Quelle aller Heilung. Er ist der Eine, der uns und unsere Hunde füreinander geschaffen hat. Ihm sei Lob und Dank für immer und ewig!

Über die Autorin

Marion R. Wells hat als Autorin oder Mitautorin sechs Andachtsbücher für Tierliebhaber verfasst. Sie schreibt auch viele Texte für Kinder-Fernsehsendungen und -videos, so zum Beispiel für die Animationsserie *Adventures from the Book of Virtues* des amerikanischen Fernsehsenders PBS und für die Action-Videoserie *Bibleman*. Ihr Haus in Südkalifornien teilt sie mit ihren geliebten Hunden und Katzen: Becca, Marley, Mica, Bo, Bonbon und Brandi.

Weitere Informationen finden sich auf der (englischsprachigen) Internetseite www.fourpawsfromheaven.com.

Anmerkungen

1 Mary Schachinger (Hrsg.): *English Nursery Rhymes – Englische Kinderreime.* Urfahr: Länderverlag, Linz 1946.
2 J. R. R. Tolkien: *Der Herr der Ringe. 1. Teil: Die Gefährten.* Aus dem Englischen übersetzt von Wolfgang Krege. Klett-Cotta, Stuttgart 2000.
3 Antoine de Saint-Exupéry: *Der kleine Prinz.* Ins Deutsche übertragen von Grete und Josef Leitgeb. Karl Rauch Verlag, Düsseldorf 2002.